学校智力游戏活动策划与项目

李慕楠◎编著

辽海出版社

图书在版编目（CIP）数据

学校智力游戏活动策划与项目/李慕楠编．—沈阳：辽海出版社，2011.11（2013.4重印）
（学好玩好学校与教育系列）

ISBN 978－7－5451－1140－8

Ⅰ.①学… Ⅱ.①李… Ⅲ.①智力游戏—中小学—教学参考资料 Ⅳ.①G633.963

中国版本图书馆CIP数据核字（2013）第046235号

学好玩好学校与教育系列

学校智力游戏活动策划与项目

李慕楠/编

出　版：辽海出版社
地　址：沈阳市和平区十一纬路25号
印　刷：北京海德伟业印务有限公司
字　数：156千字
开　本：690×960mm　1/16
印　张：16
版　次：2011年3月第1版
印　次：2013年4月第2次印刷
书　号：ISBN 978－7－5451－1140－8
定　价：29.80元

前 言

学校教育是个人一生中所受教育最重要组成部分，个人在学校里接受计划性的指导，系统地学习文化知识、社会规范、道德准则和价值观念。学校教育从某种意义上讲，决定着个人社会化的水平和性质，是个体社会化的重要基地。知识经济时代要求社会尊师重教，学校教育越来越受重视，在社会中起到举足轻重的作用。

本书以“特定对象、特别对待、特殊方法、特例分析”为宗旨，立足学校教育与管理，理论结合实践，集多位教育界专家、学者以及一线校长、老师们的教育成果与经验于一体，围绕困扰学校、领导、教师、学生的教育难题，集思广益，多方借鉴，力求全面彻底解决。

学校的智力游戏活动主要是锻炼学生认识、理解客观事物并运用知识、经验等解决问题的能力，包括理解、计划、解决问题、抽象思维、表达意念以及语言和学习的能力等，它是直接为学生提高学习能力而服务的，也是学生学习知识的实践运用，它不仅具有趣味性，更具有娱乐性，因此，广大学生都十分喜闻乐见。

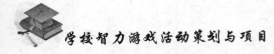

本书包括锻炼学生观察力、注意力、记忆力、思维力、想象力等智力游戏活动的创意策划与活动项目等内容，具有很强的系统性、实用性、实践性和指导性。

由于时间、经验的关系，本书在编写等方面，必定存在不足和错误之处，衷心希望各界读者、一线教师及教育界人士批评指正。

目 录

第一章　学生创造力的锻炼指导

第二章　学生思维力的锻炼指导

第五章 学生表达力的锻炼指导

第一章
学生创造力的锻炼指导

什么叫创造力

创造力是人类特有的一种综合性本领。一个人是否具有创造力，是一流人才和三流人才的分水岭。它是知识、智力、能力及优良的个性品质等复杂因素综合优化构成的。创造力是指产生新思想，发现和创造新事物的能力。它是成功地完成某种创造性活动所必需的心理品质。例如创造新概念、新理论，更新技术，发明新设备、新方法，创作新作品都是创造力的表现。

创造力是一系列连续的复杂的高水平的心理活动。它要求人的全部体力和智力的高度紧张以及创造性思维在最高水平上进行。

真正的创造活动总是给社会产生有价值的成果，人类的文明史实质是创造力的实现结果。对创造力的研究日趋受到重视，由于侧重点不同，出现两种倾向：一是不把创造力看作一种能力，认为它是一种或多种心理过程，从而创造出新颖和有价值的东西；二是认为它不是一种过程，而是一种产物。一般认为它既是一种能力，又是一种复杂的心理过程和新颖的产物。

有人认为，创造力根据创造潜能得到充分的实现。创造力较高的人通常有较高的智力，但智力高的人不一定具有卓越的创造力。根据西方学者研究表明，智商超过一定水平时，智力和创造力之间的区别并不明显。创造力高的人对于客观事物中存在的明显失常、矛盾和不平衡现象易产生强烈兴趣，对事物的感受性特别强，能抓住易为常人漠视的问题，推敲入微，意志坚强，比较自信，自我意识强烈，能认识和评价自己与别人的行为和特点。

创造力与一般能力的区别在于它的新颖性和独创性。它的主要成分是发散思维，即无定向、无约束地由已知探索未知的思维方式。按照美国心理学家吉尔福德的看法，发散思维当表现为外部行为时，就代表了个人的创造能力。

可以说，创造力就是用自己的方法创造新的别人不知道的东西。

创造力的构成

研究创造力的构成，分析创造力的构成因素，有利于加深对创造力本质的了解，对进行创造力开发具有指导作用。

知识

信息和知识是创造的基础和原材料。没有及时的、可靠的、全面的信息，不懂知识，是不会产生创造成果的。很难想象，一个对光电知识一无所知的人能发明出新型的电灯来，一个对计算机一窍不通的人能开发出新的操作系统。不了解前人的成果、眼光狭窄、知识贫乏的人是不可能做出重大科学发现和技术发明的。知识的掌握，在很大程度上决定着认识能力、解决实际问题能力的速度和质量。

在创造力构成要素中，一般知识和经验为创造提供了广泛的背景，而包括专业知识、创造学知识、特殊领域知识的专门知识，则直接影响创造力层次的高低。

智能因素

智能因素包含三种能力：一是一般智能，如观察力、注意力、记忆力、操作能力，它体现了人们检索，处理以及综合运用信息，对事物做间接、概括反映的能力；二是创造性思维能力，主要指发散思维能力，如创造性的想象能力、逻辑加工能力、思维调控能力、直觉思维能力、推理能力、灵感思维及捕捉机遇的能力等，它体现出人们在进行创造性思维时的心理活动水平，是创造力的实质和核心；三是特殊智能，指在某种专业活动中表现出来的并保证某种专业活动获得高效率的能力，如音乐能力、绘画能力、体育能力等，特殊智能可视为某些一般智能专门化的发展。

非智力因素

非智力因素包含两种因素。一是创造意识因素，指对与创造有关的信息及创造活动、方法、过程本身的综合觉察与认识。也可以简单地理解为创造的欲望，包括动机、兴趣、好奇心、求知欲、探究性、主动性、对问题的敏感性等。培养创造意识，可以激发创造动机，产生创造兴趣，提高创造热情，形成创造习惯，增强创造欲望。任何创造成果都是创造意识和创造方法的结合。从某种意义上说，一个人能做出创造性成就，创造意识要比创造方法更重要，尤其在创造的初期，因为创造意识能使人们自觉地关注问题，从而发现问题。想创造的欲望决定了创造过程的发动，任何一个人如果他不想去创造，纵然再有才能，也不可能成功。

另一种是创造精神因素，指创造过程中积极的、开放的心理状态，包括怀疑精神、冒险精神、挑战精神、献身精神、使命感、责任感、事业心、自信心、热情、勇气、意志、毅力、恒心等。创造精神也可以简单地说成是创造的胆略。在创造活动中，创造精神往往是成功的关键。

研究表明，智能因素是创造活动的操作系统，非智力因素是创造活动的动力系统。非智力因素虽然不直接介入创造活动，但它以动机作用为核心对创造活动起着极其重要的作用。

创造力的行为特征

创造力的行为表现有3个特征：

变通性

思维能随机应变，举一反三，不易受功能固着等心理定势的干扰，因此能产生超常的构想，提出新观念。

流畅性

反应既快又多，能够在较短的时间内表达出较多的观念。

独特性

对事物具有不寻常的独特见解。聚合思维在创造能力结构中同样具有重要作用。所谓聚合思维是指利用已有定论的原理、定律、方法，解决问题时有方向、有范围、有程序的思维方式。发散思维与聚合思维二者是统一的、相辅相成的。人们在进行创造性活动时，既需要发散思维，也需要聚合思维。任何成功的创造性都是这两种思维整合的结果。创造力与一般能力有一定的关系，研究表明，智力是创造能力发展的基本条件，智力水平过低者，不可能有很高的创造力。

另外，创造力与人格特征也有密切关系。综合多人研究的结果表明，高创造力者具有如下一些人格特征：兴趣广泛，语言流畅，具有幽默感，反应敏捷，思辨严密，善于记忆，工作效率高，从众行为少，好独立行事，自信心强，喜欢研究抽象问题，生活范围较大，社交能力强，抱负水平高，态度直率、坦白，感情开放，不拘小节，给人以浪漫印象。

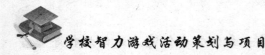

也有专家认为，创造力通常包含发散性思维的几种基本能力。一是敏锐力，即觉察事物，发现缺漏、需求、不寻常及未完成部分的能力，也就是对问题的敏感度。二是流畅力，即思索许多可能的构想和回答。形容一个人“下笔如行云流水”、“意念泉涌”、“思路流畅”、“行动敏捷”等都是流畅力高的表现。三是变通力，即以一种不同的新方法去看一个问题。四是独创力，指反应的独特性，想出别人所想不出来的观念，具有独特新颖的能力。五是精进力，在原来的构想或基本观念上再加上新观念，增加有趣的细节和组成概念群的能力。

创造力的培养

创造力是指产生新思想，发现和创造新事物的能力。它是成功地完成某种创造性活动所必需的心理品质。创造力与一般能力的区别在于它的新颖性和独创性。它的主要成分是发散思维，即无定向、无约束地由已知探索未知的思维方式。

那么，该如何培养创造力呢？

富有创造力的灵感只赋予那些勤于钻研的人

灵感的出现是在解决问题而又百思不得其解时，由于受到某种因素的启发，出现“顿悟”，使问题忽然迎刃而解。有人把灵感看成“天赐”，其实，“天才出于勤奋”。灵感是创造力的一个要素，而灵感的出现需要有深厚的知识功底。人们运用这些知识时，其中潜伏着的智力因素便又表现出来，可以解决更为广泛的问题。譬如，一块大石头挡住去路，有的人马上想到用撬棍把大石头搬走。在另一种场合，如汽车陷入泥土里，同样想到了撬棍，甚至由此发明了新式起重机。

创造力来自不懈地追求创新的欲望

没有很强的创造欲望，创造活动便不能进行。美国的电话发明家贝尔，少年时代智力表现平平，而且贪玩，但后来受到祖父的影响，唤起了强烈的求知欲，并对发明创造产生浓厚的兴趣，从而在少年时代便设计了一种比较轻快的水磨。这说明，创新的欲望与对创造的不懈追求是创造成功的重要条件。

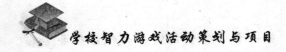

顽强的意志是发挥创造力最宝贵的品格

在任何领域里，要想获得成功，没有良好的意志品质与拼搏精神是不可能的。歌德说过：“没有勇气一切都完了。”良好的意志品质不仅表现为坚持到底的顽强毅力，还表现在辨明方向、看清利弊之后的当机立断，能排除各种干扰，在挫折面前不回头，成绩面前不忘乎所以。

虚心好学使创造力更丰盈

虚心好学，不断充实自己，才能超越自我的浅薄。你可根据自己设定的目标，准确地学习内容，能从所学的内容中推演出新观念，并在与别人交谈或日常生活中获得灵感和启发。

不拘泥于传统的观念，敢于标新立异

创造力活动本身就是一种对原来框架的突破与发展，否则便不成其为创造。对大多数人来说，由于传统文化观念的束缚，很容易产生一种思想惰性，对他人超乎常规的想法和作法又往往多加指责。要想做出成绩，重要的是要有打破定势、标新立异的思想品格。

创造力的发掘

拥有创造力即意味着放松身心，进入自己内心的这一境界之中，运用所谓的“无穷的智慧”。这是我们每个人都拥有的天赋，它有待于你去发掘。我们每个人都是拥有才华的生命个体，因为我们都能够汲取相同的无尽之源。我们天生都被赋予了这样的厚礼。

从创造力出发时，我们拥有的是一片丰裕的土壤，不存在任何束缚。只有当我们从竞争的角度考虑时，限制和短缺才会被考虑进来。

所谓“更有创造性”是一种不恰当的说法。你本身就是一个具有创造性的个体。然而，你可以通过实践，使自己变得更加娴熟，或者更深入的理解围绕在你身边的创造能量。这种能量，是你在任何时候都可以无限汲取的。

处于放松状态

用点时间，做令自己感到愉快的，能够带来欢乐的，你热爱的或能够使自己全身投入的事情。比如沉思、散步、游泳、阅读令人心情愉快的文字，或者记日记——写下你的想法（这会相当有帮助！）。

拥有爱心

想一想，什么赋予你积极向上、源源不断的能量与活力，从而使你心怀感激。当感受到对生命中得到的美妙祝福与馈赠，你的心中便有了爱，你会很快感到心灵的释然，内心感到朦胧的温暖。在这感受到温暖和爱意的时刻，你的心向创造力量敞开了大门。

激发你的想象力

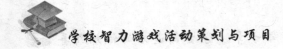

想象力是高度视觉化的。练习在闭上双眼的情况下，想象面前看到的栩栩如生的画面，是一种很有帮助的方法。

尝试这一方法。闭上双眼，想象自己在一个场景里，任何一个场景都可以。好的，选个你认为理想的场景，尝试想象你看到的这一场景中的细节，去注意各种色彩、质地，去触摸。它们摸起来是什么感觉？你听到了什么？闻到了什么？温度感觉是怎样的？等等。

专注于此刻

每一位杰出的音乐家或艺术家都会告诉你，当他们在创造伟大的音乐或艺术品的时候，他们的头脑中没有任何杂念，他们完全沉浸在此刻的创作之中，感受意识的流动。运动员们把这个称作“现场感”。你可以通过对你此刻做的任何事情（不管是在吃饭、洗碗、整理床铺，还是别的什么）倾注全部的注意力，来尝试练习仅把全部意识集中在当前时刻的能力。沉思可以起到很大帮助。

启发灵感

试着去想象打动你的美好事物。翻阅含有能够激发人思维的图片的书籍，参观美术馆，读启发人灵感的文字，与能够使你冷静的人交谈。

随便画一幅图画

这也许听起来有些可笑，但确实是发掘自身创造力的有效方法之一。画图促使你从不同的角度观察事物。

寻找替代方案

试着问自己，如何以不同的方式完成同一件事情。当你看到了一个问题的解决方案之后，再问一问自己：“有什么其他方式做这件事呢?”心理上建立起这样的一种态度，“总有另一种方法”，即便其他方法看起来似乎“不可行”时，也要如此。

保持开放的心态

不要将任何你想到的点子拒之门外，不要轻易对它们作出判决。重视每一个从你的大脑里冒出来的主意，哪怕是那些看起来“愚蠢”或“显而易见”的想法。这个方法能够催生更多有创造性的想法从你的心中浮现出来。

把思考过程记录下来

用一叠活页纸或者电脑，记下思考中你的大脑里冒出的一切：随意的词语、短语、主意、想法……有时，你也许会想要把一些元素圈在一起或在它们之间画线，来将不同的主意联系在一起。当灵感闪现时，一定要跟住它。这时如果你突然想到了另一个主意，先把它简略的记在同一张纸或另一张空白的纸上，也可以打在电脑上。有时候一开始它们还显得很蹩脚，但是一旦你进入了“思维流”里面，一篇文章就开始逐渐在你的眼前现出雏形。

开发孩子创造力的方法

想帮助孩子最大程度地发展他们独特的天赋和才能，有没有一种思维方法可以让孩子终生受益？下面这些方法的奇特之处就在于，它们不仅能极大地开启孩子的创造力，而且是帮助孩子建立起灵活有效的个性化学习体系的实用方案。

不要急于回答孩子的问题

孩子的脑袋里总是藏满了问题，当他们皱着眉头，一脸急切地来问“为什么”时，我们自然的反应就是尽力给他们答案。提供答案固然可以增加孩子的知识量，但是如果孩子总在被动地接受这些彼此孤立的知识，思维能力很难得到提高。如果换一种对答方式：“为什么?”“你认为呢?”“你怎么想到的?”“那样又会怎么样呢?”能帮助孩子探索得更多。

另外，孩子在思考这些问题时需要回想以前的经验进行推理，这能帮助他们提高独立思考的能力和学习能力。尝试一下：找到孩子感兴趣的话题，忍住告诉孩子答案的冲动，在孩子的“为什么”之后，随即把问题反问回来：“这真是个好主意，你觉得呢?”你会发现，这种启发式的反问使孩子的小脑瓜开始运转起来，他完全被他自己提出的问题所吸引，饶有兴趣地跟你讨论，甚至在讨论结束后兴致仍然高涨。这种鼓励思考的对答一般在孩子2～3岁时即可进行。你要做的是，根据孩子的理解水平来调整提问的深度，在愉快的对话中，指导孩子从已有的经验中得到新的主意。

引导孩子“异想天开”

这个训练就是让孩子张开想象的双翼，自由翱翔。童年是充满幻想的时期。在我们看来，孩子的想象也许有些可笑和不切实际，但一旦他们可以“异想天开”，不按部就班地人云亦云，可贵的创造性思维模式就开始形成。

用新眼光看平常事

如果说4是8的一半，通常人们会回答说：“是。”如果接着再问：“0是8的一半，对吗？”经过一段思考的时间后，大多数人才同意这一说法（8是由两个0上下相叠而成的）。这时如果再问：“3是8的一半，是吗？”人们很快就会看到将8竖着分为两半，则是两个3。

摆脱固有的思维模式是创造性思维的起点。当我们学会转换思维的角度，就会更好地看到问题情境之间的关系，才能更有效地发现创造性的问题的解决之道。让孩子用新的眼光来重新认识身边一些习以为常的事物，是培养创造性思维的基础。孩子一旦习惯于这种思维过程，当再次遇到不熟悉的问题时，他就会想到用不同的思维方式来为自己遇到的新挑战、新情景或新问题找到解决方案。

不断地发出疑问

创造性思维的另一个特征是对已知不断发出疑问：真的还是假的？从而寻求新的可能性。如果孩子习惯于批判性地深入思考问题，那么他们的思路就会更开阔、灵活。当孩子对问题给出了他们自己的看法后，再让他们说出并支持与之对立的观点，可以使他们意识到不同的思维模式。在下面的活动中，孩子将学会如何做。

培养孩子的自信心

自信是孩子不断进步的前提。有了自信，孩子就会变得勇敢，甘愿冒险。而当你对孩子说“不”时，可能阻止了孩子很了不起的主意。这会让孩子沮丧，让他觉得自己很笨，越来越自卑。无论在任何时候，都要鼓励，赞扬孩子，避免让“不”束缚，限制住孩子的创造力。同时也要引导孩子对各种可能性的事说“是”，说“为什么不”，而不是“我不能”。然后集中精力对自己的想法进行验证。伟大的创造往往就是这样诞生的。

多进行逆向思维训练

善于创造性思维的人经常尝试用与常人相反的方式进行思考，这就是逆向思维。逆向思维能够打破条条框框，在别人认为不可能的地方和别人没有注意到的地方有所发现，有所建树。有人落水，常规的思维模式是救人离水，而司马光灵机一动，用石头把缸砸破，让水从破缸中流出，从而救起了小伙伴，就是运用了逆向思维。

逆向思维可以解脱大脑中固有模式的束缚，在你需要创造出一些你无法描绘或者无法见到的事物时，帮助你拓宽思路，充分发挥自己的创造力和想象力。

开启孩子的感知世界

孩子只有在他们自己支配和主宰的环境中，创造的火苗才能被激发出来，所以，我们要尽量提供给他们看、摸、尝试、学习及自我表现和动手操作等多种机会。这会大大开启他以前没有尝试过的想法与念头，也是提升孩子创造力的一个关键。为了给孩子提供这样的机会，我们的责任是：给孩子提供一个不受时间、空间和材料限制的，有挑战性、有吸引力的环境。所有活动的选择都要与孩子特定的年龄和发展阶段相适应。对孩子来说，最好的活动是操作性和开放性的，重要的是过程而不是结果。

提高创造力的技巧

凡事质疑

对任何事情都提出疑问，这是许多新事物新观念产生的开端，也是培养创造力最基本的方法之一。

1. 独立思考

在我们头脑中各种理论知识，大多是来自老师或权威，极少是我们自己独立思考的；那些老师和权威又来自何方呢？也是来自他们的老师和权威，代代相传，经过许多歪曲和谬误。如果我们以为自己的经验就完全正确，那就错了，那些来自我们自己经验的知识同样是靠不住的，因为经验也会欺骗我们。例如：一座六角形的塔，从远处看来似乎是圆形的；温度相同的两桶水，如果你的两只手的温度不同，分别放进两只桶内，你会感到水的温度不一样。因此，人类的感觉经验并不完全可靠。当我们真正发现世界上的每一样知识都不值得信赖，统统要打一个大大的问号时，我们才能使自己“净空”，并借由不断质疑而产生创新思维。佛陀就是一个能将自己净空，而能符合缘起思维的觉者。

2. 敢予否认前人

学习的过程不单单只是一个接受的过程，还要不断地创新。如果把前人的说法全盘拷贝下来，那会有什么用呢？如果对于自己所学的知识完全不加以怀疑，全盘接受，不提出疑问，那么，实际上并没有真正懂得这门知识，自然也不可能把这门知识运用到生活中。当我们能够提出疑问，提出怀疑，就说明我们对这件事情有了自己的独立思维。有位科学家曾说："提出问题比解决问题更重要。"我们首先要怀疑，才能够提出问题，也才能够发现新的观念。

3. 质疑日常习惯

我们常常会把某些习惯视为理所当然，殊不知许多偏见就是这样形成的。例如某件事情在我们生下来时就已经存在，我们自然会把它纳为生活的一部分。如果英国没有王室，难道英国人会在投票时，把设立王室列入其中吗？要避免习以为常、不加深思，并养成凡事多思考，认识自己也认识别人的习惯，需要"凡事质疑"，而创新思维的关键亦即在于此。

4. 寻找人生的答案

你是谁？你从哪里来？你来干什么？你往哪里去？答案并不重要，重要的是思考本身。你不需要准确地回答，能够思索这些问题就够了。提出人生疑问最重要。答案得自己去寻找，自己回答自己，并激励着自己。

扩张思考广度

在日常生活中我们经常会发现，某些人在思维过程中范围很大，能够海阔天空地联想；而有些人则缺少思维的广度，往往只能在某个问题里绕圈子，思路总是打不开。从创新的角度来说，思维的广度是不可少的。

1. 掌握万物之间的联系

所谓思维的广度，就是指当头脑在思考一个事物、观念或者问题的过程中，能够在多大范围内联想起别的事物、观念和问题，以及联想的数量有多少。

从思维的范围方面来说，当我们确定了一个思维的对象，就要围绕着这个对象思考，包括了解这个对象和哪些因素有联系。它绝不会单独地存在着。所以我们在思维过程中，必须要破除各种思维模式，要用更宽广的角度、视野看问题，这样才能更有效达到创新思维的目标。例如说，把气象预测纳入弘法的思维范围，借由观天气，提升弘法的契机度。

2. 扩大观察范围

由于受到各种思维模式的影响，人们对于司空见惯的事情其实并不真正了解。只有当我们换一个角度，而且往往是强迫自己换一个角度来观察时，才可能发现更多奇妙的事物，也才能发觉自己原先思考的范围很狭窄。

也许有人会认为，观察和思维某一个对象，就应该全力集中在这一个对象身上，不应该扩大观察和思维的范围，以免分散注意力。而实际情况并非如此，科学研究证实，光、声、味、嗅等感觉，对于创新思维有促进的作用。人们发现，当儿童在回答创意测验题时，喜欢用眼睛扫视四周，试图找到某种线索。线索丰富的环境能够给被试者许多良好的思维刺激，使他获得较高的分数。科学家曾进行过这样一次测试，首先把一群人关进一所无光、无声的室内，使他们的感官不能充分发挥作用。然后再对他们进行创新思维的测试，结果，这些人的得分比其他人要低很多。

3. 破除思维障碍

扩展思维的广度，也就意味着思维在数量上的增加，像增加可供思维的对象，或者找出一个问题的各种答案等等。当思考的数量愈多，可供挑选的范围也就越大，其中产生好创意的可能性也就越大。例如，扩展一种事物的用途，便可产生一项新创意。比如，木鱼的最早发明是用来调节诵经时的速度，后来在唱颂佛曲时，也使用木鱼来充当乐器。

4. 强制式思维扩充

采取某种不合常规的方法，强制自己的头脑转换思维方向，也是创新思维的有效方法。例如，把打算创新的事物与某些和它并不相关的属性联结起来，然后再思索二者之间的关系，从中找出新的方向。强制式扩充思维法就是强迫自己的头脑抛开原先的思维模式，走出一条思维新路。

5. 鼓励标新立异

在日本小学美术课堂上，日本的老师教孩子们怎样画苹果，教师发现有个孩子画的是方苹果，于是就耐心询问："苹果都是圆形的，你为什么画成方形的呢?”孩子回答说:“我在家里看见爸爸把苹果放在桌上,不小心,苹果滚到地上摔坏了,我想如果苹果是方形的,该多好呀!”老师赞美说:“你真会动脑筋,祝你能早日培育出方苹果。”把苹果画成方形,显然脱离了实际,但那位日本老师却仍循循善诱,引导孩子说出自己的想法与创意,并给予认同,这种教育方式真令人敬佩。

扩充思维就意味着标新立异,其中难免会有幼稚和犯错。但是如果我们总是懒于尝试,自然会导致思维逐渐封闭。

扩张思考的宽度

世界知名的思维训练专家德波诺曾用“挖井”作比喻,说明了“垂直思维”和“横向思维”两种不同方法的关系。德波诺说,垂直思维是从单一的概念出发,并沿着这个概念一直前进,直到找出最佳的方案或办法。但是,万一起点选错了,以致找不到最佳方案的话,问题就麻烦了。这正像开挖一口水井,费了很大的力气,挖了很深,但仍不见出水,怎么办呢?对于大部分人来说,放弃太可惜了,于是只有继续把这口井挖得更深更大。如果更深更大之后仍不见水,人会由于已经投入了如此多的时间和精力,更加不愿意放弃,一方面感觉到越来越失望,同时也感觉到希望越来越大。这就是典型的“垂直型思维”。

而“横向思维”则要求我们,首先从各种不同的角度思索问题,然后再确定并找出最佳的解决方案。在“挖井”这个例子中,横向思维要求我们,首先要确定井的正确位置,一旦发现位置错了而不出水的时候,就应该果断放弃,另寻新址,不可贪恋那口尽管已挖了半截、但位置错误的枯井。

1. 广泛涉猎多个领域

如果只注意一个问题领域,这往往会阻碍我们发现更新鲜、更充分、更漂亮的材料,因为思维的惯性很容易使我们在一个特定的问题领域中作循环思索。这种时候,就需要跳出来,看一看其他领域,或从别的地方寻找一些材料来启发自己。

2. 结合不相关的元素

把各种不相关的元素放在一起，也是一种横向思维，如此也能获得对问题的不同创见。例如：当工作正需要某位组员处理时，你却到处找不到此人，因此你会想，如果有什么设备可以用来既给组员个人自由，而同时又使他不致离开工作岗位，这岂不一举两得。当你尽力寻求问题答案，可采用以下具体步骤：

①先列举出十种具体物体。

②依次考虑每一物体，将其分解为可描述的特性（结构、基本原理、特别的观念）。

③分别分析每一物体的每一特性，以寻求刺激的可持续进行，直到所有物体及其所有特性都经过研究为止。

④对解决方案加以研究，并选择那些最有可能解决问题的方案，再加分析。

3. 交叉孕育创意

横向思维还可以解释为，把两个或多个并列的事物交叉起来思考，再把二者的特点结合在一起，使其成为一个新事物。最便捷的办法是找某一领域的专家，并向他提出这样的问题：如果让他用其他领域的知识或技术来解决问题，他会采取怎样的方法。

4. 提高思维速度

经常进行横向思维训练能够提高思维的速度。创新思维是需要讲求效率的，在不少情况下，我们必须在限定的时间内想出对策和计划，如果超出了限定的时间，我们就有可能遭受某种损失。有的时候，某种绝妙的点子，也只能在特定的时间内施行才能取得良好的效果。超出时间范围，好点子也有可能会变得毫无价值。

5. 思维的横向与纵向

在实际的思维过程中，人们经常是交替使用“横向”和“纵向”两种思考方式的。思维速度敏捷的人，经常能表现出良好的“临场应急”的能力。

这种能力在社交场合很有用处，它不但可以让我们摆脱尴尬的境地，甚至迅速反击某些人的恶意攻击。

右脑思考法

人的左脑、右脑各具有不同的功能：右脑主要负责直觉和创造力，也可称为专管形象思维，判别方位等，左脑主要负责语言和计算能力，也称为专管逻辑思维。一般认为，左脑较为人所利用，而右脑功能普遍得不到充分发挥。所以，从创新思维的角度来说，开发右脑功能的意义是十分重大的。因为右脑活跃有助于破除各种各样的思维模式，提高想像力和形象思维能力。

1. 多运用右脑

若想多用右脑，可以以以下的方法训练右脑：

①经常考虑怎样对事物进行改良或改造，或进行能看得见的发明或者看不见的发明。

②多做感性方面的活动，培养趣味，如音乐、拍照等。

③确立人生的生存意义，树立个人的奋斗目标，并得到兴奋感和成功感。

④摄取对右脑有益的食物（蛋白质等），学习使用机器和器械等。

⑤智力练习和活动可直接影响右脑。这类练习和活动不同于一般的智力测验，主要在发挥想像力。例如请你回答“木头有何用处？”而你只列举木头的一般用途，显然想像力不够。

此外，开发右脑的方法还有：跳舞、美术、欣赏音乐、种植花草、手工技艺、烹调、缝纫等。既利用左脑，又运用了右脑。如每天练半小时以上的健身操，打乒乓球、羽毛球等，特别需要多让左手、左腿多活动（左脑控制身体的右侧，右脑控制身体的左侧）。

2. 左侧体操

日本人设计出一种可增强右脑功能的“左侧体操”。它的理论依据是，左右侧的活动与发展通常是不平衡的，往往右侧活动多于左侧活动，因此有必要加强左侧体操活动，以促进右脑功能。

此外，在日常生活中尽可能多使用身体的左侧，也是很重要的。身体左侧多活动，右侧大脑就会发达。右侧大脑的功能增强，人的灵感、想像力就会增加。例如在使用小刀和剪子的时候总用左手，拍照时用左眼，打电话时用左耳。

还有手指刺激法。手能使脑得到刺激发展，使它更加聪明。又说：“儿童的智慧在手指头上。”许多人让儿童从小练弹琴、打字、珠算等，这样双手的协调运动，会把大脑皮层中相应的神经细胞活力激发起来。

3. 离题遐想

右脑思考的特点是形象和想像，因此在研究问题中需要创新思维时，应该随时进行各种类型的“离题遐想”。

选择什么样的离题遐想，要考虑解决问题所要求的特性，同时也要考虑准备冒的风险及正在使用的材料类型。美国学者将离题遐想分成了两种类型的离题。一种是“臆想性的或幻想性的离想”，另一种是“例证离题”。“臆想性离题”是最不正统的一种离题方式。它对思想保守的人来说具有潜在的困难。不过它往往会产生戏剧性作用，尤其当人们原本并未抱什么希望，但它却确实激发出最具创新性的思想。

对于幻想式离题或臆想性离题而言，以下介绍并说明它的训练方法。

请每位参加者想像一幅图或讲述一个想象的故事。首先由一个人先开始，然后每位小组成员都必须为故事加上一段情节，他们可随时加塞进来。在这个过程中，所添加的情节越丰富多彩、稀奇古怪、荒诞不经、充满异国情调，故事会越精彩。如有可能，应尽量使故事有一定的连贯性，这样会有助于发挥更好地想象力。每个人尽力为故事增加一分钟的长度，至于，何时转变话题则由领导者决定。

如果故事在某一特殊情节的细节上停顿下来，领导者可以请一位成员杜撰某种让人吃惊的事件。反之，如果想象力没有得到充分的发挥，那么领导者就该让大家集中于某一剧情。他可以要求参加者讲述更加细致的情节。故事的讲述者如果使意象转移过快，就容易造成情节不充分的现象。

也许人们会对在大众面前创造心智意象感到紧张，他们也可能担心自己对故事的贡献能力。然而，无论如何激发想象力是最具启发右脑能力的一种训练。

当每位成员都至少有一次机会为故事贡献情节后，领导者要请大家在大脑中将故事情节重温一番，并尽可能想出一些真正荒唐或不切实的解决办法，然后将荒谬的想法写下来。

透过离题训练，在一般情况下，人会开始期望回到真实的世界，或回到最初的问题上来，当然，是逐步回归主题的。

领导者需和大家一起来检查分析，并了解在这些荒谬的方案中，是否有任何对他们来说颇具吸引力，或奇妙古怪，或甚为有趣味的想法。领导者要请小组成员审核与选定这些荒谬办法，并尽力寻求将其转化为更切实可行和接近实际的方法。

由于“离题”，头脑放松了，各种荒谬想法也出现了，所以再回过头来研究刚才遇到的现实问题，也许就能很快得到创新的答案。

4. 走进想象的世界

人往往是现实的奴隶，忙于应付现实世界的一切，而将自己的想象世界抛到九霄云外。改变你的行动或生活最有效的方法便是打开你的想象之门，它会像一台发动机一样操纵你行动，产生令你吃惊的效果。作为创造行为，它可以构成思维形象，然后对你发号施令，使你不得不去服从。经常想象自己杀人的人也许真会成为罪犯，而想象当总统的人更少也可以做一个里长吧，关键问题是你是否服从自己的想象力。

每天早晨起床前，请你张开四肢，放松全身肌肉，然后想象一下你今天要做的事，就像看电影似的。如果在你的想象中，你做了什么蠢事，那么就在想象中改正它，直到你看到你这一天做得非常出色为止。晚上睡觉前也这样做一次，首先在想象中检阅一下白天的工作与想象之中的差别有多大，再想象第二天你会做得更好。这样日复一日地练习下去，你会发现，想象力使你进步很多。

灵感思考法

很多人都有这样的经验：当面对一个难题时，即使费了很大精力，思索枯肠也没有想出解决的办法，但是当你吃饭举起筷子的一瞬间却想到了一个绝妙的主意。这就是灵感。

1. 引发自己的直觉

思维灵感与人的直觉是密不可分的，直觉是人的先天能力，也往往是创意的源泉。很多人靠直觉处理事情。任何时候，人都会有预感，只是看你信任它与否。绝大部分有创意的人都懂得直觉的重要性，他们在处理一些有矛盾的问题，经常会凭直觉下结论。看起来虽然有点神秘，但其实正是创造力经由直觉发挥作用的最佳时机。

直觉较强的人具有以下几个特点：

①相信有超感应这回事；

②曾有过事前预测到将会发生什么事的经验；

③碰到重大问题，内心会有强烈的触动；

④所做成的事都是凭感觉做的；

⑤早在别人发现问题前就觉得有问题存在；

⑥也许有心灵感应的事；

⑦曾梦到问题的解决办法；

⑧总是很幸运地完成看似不可能的事；

⑨当大家都在支持一个观念时，却依然持反对意见而又说不清楚为什么如此的人，是相信直觉能力的人。

2. 什么时候灵感容易出现？

科学研究发现，人脑每分钟可接受六千万个信息，其中二千四百万个来自视觉，三百万个来自触觉，六百万个来自听、嗅、味觉。有不少发明家发现到，人在夜晚睡前或刚醒的时候灵感最多。因为在夜里，当人闭目深思，几乎完全避免了来自视觉的讯息对大脑思维活动的干扰刺激，而静卧在床上触觉讯息对思维的干扰亦降低到最低程度。这都十分有利于大脑发挥思维潜力，使人对问题的思考更易于突破。如果再加上偶然和特殊因素激发，还有可能使大脑潜力超常发挥，即可产生灵感。其次，人躺着时，由于大脑血液状况明显地得到了改善，这也为大脑活动提供了最佳的营养保证。

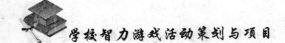

互动思考法

在一个创新团体中，思维互动是相当重要的。当其中一个人的头脑活跃起来并提出新想法的时候，就会对别人的头脑产生激发作用，使得大家的头脑都活跃起来。脑激荡就是一种集体创造力思考法，这是由美国企业家、发明家奥斯本首创，它也是目前在世界上被应用最广泛、最普及的集体智力激励方法。脑激荡法，原意为用脑力激荡某一问题，系指一组人员透过开会方式就某一特定问题献策，群策群力，解决问题。这种方法的特点是：克服心理障碍，思维自由奔放，打破常规，激发创造力的思维活动，获得新观念，并有创造力地解决问题。

1. 借互动以激发创意

脑激荡法何以能激发创造思维？根据奥斯本本人及研究者的看法，主要有以下几点理由：

①联想反应。联想是产生新观念的基本过程。在集体讨论问题的过程中，每提出一个新观念，都能引发他人的联想。相继提出一连串的新观念，为解决问题提供了更多的可能性。

②热情感染。在不受任何限制的情况下，人人争先恐后，竞相发言，不断地脑力激荡，力求有独到见解或新奇观念。根据心理学的原理，人类都有争强好胜的心理，在有竞争意识的情况下，人的心理活动效率可增加50%或更多。

③个人欲望。在集体讨论解决问题过程中，个人的欲望与自由不受任何干预和控制，是非常重要的。采用脑激荡法有一项原则，不得批评他人的发言，甚至不许有任何怀疑的表情、动作、神色。如此才能使每个人愿意畅所欲言，提出许多的新观念。

2. 脑激荡法的运行程序

其程序应分为：准备、热身、确认问题、讨论、做结论五个阶段。下面分别介绍：

①准备。此阶段主要是：一是选择理想的主持人，主持人应熟悉此技巧；二是由主持人和提出问题者一起详细分析所要解决的问题。此方法不宜解决包含因素过多的复杂问题，只宜解决比较单一且目标明确的问题；三是确定参加人选，一般以五至十人为宜，且保证大多数为精通该问题或具有某一方面专长的人，凡可能涉及的领域，都要有擅长的人参加。此外，还要有两位外行人参加；四是提前数天先将待讨论问题通知与会者，内容包括：日期、地点、要解决的问题及相关事宜。

②热身。此阶段的目的是要使与会人员进入“角色”并造成激励气氛。通常只需几分钟即可，具体做法是提出一个与会上所要讨论的问题毫无关系的问题。

③确认问题。这个阶段的目的是透过对问题的分析陈述，使与会者全面了解问题，开阔思路，包括以下三个方面：一是介绍问题，主持人简明扼要地向与会者介绍所要解决的问题；二是重新叙述问题，即改变对问题的表述方式，对每一种表述方式都要用“怎样……”询问的句子来表达，切不可急于提出想法，要鼓励与会者提出尽可能多的意见；三是将提出的各种重新叙述的问题，按顺序排列，凡是启发性强，最可能解决问题的叙述要排在前面。

④讨论。这是与会者克服心理障碍，让思维自由驰骋，借助团体的知识互补，讯息刺激和情绪鼓励，透过联想提出大量创造力假设的阶段。这也是此法的重点阶段，当此阶段结束时，由主持人宣布散会。同时，要求与会者会后继续思考，以便在第二天补充个人所想到的方法。

⑤做结论。由于会上提出的设想大部分都未经仔细考虑和评估，有待整理以后，才能有实用价值。此阶段包括以下三个步骤，一是增加设想。在讨论后的第二天由主持人或秘书以电话拜访的方式收集与会人员会后产生的新想法。二是评估。评估最好先拟定一些指标，如：是否简单？是否恰当？是否可被采纳？是否可以实现？是否成本较低？等等。根据这些指标来评选出若干最好的设想。

培养创造力应注意的问题

创造力是能够创造出具有社会价值的新理论或新事物的各种心理特点的综合，是智力发展的高级表现形式。创造力在发展水平和层次上是有所不同的。一种情况是创造出的理论、作品等是前所未有的，这样的创造被称为“真创造”。另一种情况是创造出的成品在人类历史上并非首创，只是就创作者个人而言是新的东西，这样的创造被称为“类创造”。从类创造的角度说，创造力不是少数天才和专家才有的，而是每一个普通人都可能有的。

不管是真创造还是类创造，对人类都很重要，因此我们必须重视创造力的培养。培养创造力，必须注意以下几点：

保护好奇心，激发求知欲

好奇心、求知欲、自信心和创造力的发展紧密相关，相互制约。因此我们必须保持和发展好奇心、求知欲和自信心。

交替训练发散性思维和集中性思维

发散性思维是一种不依常规，寻求变异，从多方面寻求答案的思维形式。像作文“一文多写”，解题时“一题多解”，都是离不开发散性思维的。集中性思维与发散性思维正相反，它是在思维过程中依据一定的标准，在多种假设或方案中选择最理想的假设或方案的思维。创造力与发散性思维和集中性思维有密切联系。有人认为创造力是一种以发散性思维为中心，以集中性思维为支持性因素的两种思维有机结合的能力。例如，有创造力的人既能对复杂问题的解决提出尽可能的方案，又能对每一方案一一进行论证或试验，找出最优方案。这一过程的前半部分，主要是发散性思维，后半部则主要是集中性思维。在我们的学习、生活、工作中要注意以上两种思维的训练。

鼓励直觉思维并和分析思维相结合

直觉思维是一种不经过严密逻辑分析步骤，没有意识到明显的思维过程而突然作出新判断，产生新观念的思维。直觉思维实际上是一种近乎猜想、假设、一时还得不到证明的思维，有时这些猜想是错误的，有时则接近于灵感的产生。直觉思维的升华便是“顿悟”“灵感”的到来。直觉思维在人的创造性活动中占有重要地位。如果没有直觉思维做先导，很难提出假设并取得突破。在学习活动中也常有这种思维，如猜测题意、作应急性的回答、即兴演讲比赛、即兴提出各种性问题大胆。当然，在创造活动中，也离不开分析思维。要形成创造力，也必须进行上述两种思维的训练，并要把两者有机结合起来。

向具有创造性的人学习

我们可以通过接触，访问科学家、革新家、作家、探险家、思想家等，学习他们的创造思路和过程，使我们得到启发。

积极参加创造性活动

创造力也和其他一般能力一样，是在实践活动中锻炼出来的。就学生来说，参加各种科技小组、文艺小组、课外阅读兴趣小组、种植畜牧小组等，这些活动对启发学生的创造性，培养学生的创造力有重要意义。

发展想象力

想象力和创造力有密切关系，它是人类创造活动所不可缺少的心理因素。不管是科学家的创造，艺术家的创造还是理论家的创见，都离不开“精骛八极，心游万仞”的想象力。所以必须注意培养，发展自己的想象力。

希望我们每一个人都努力培养自己的创造力，力争在你的一生中形成真创造，起码是产生许多的类创造。

阻碍创造力习惯的改变

在我们每个人的生活中，我们都可能会遇到这样的情况，在发现问题或解决问题时，可能出现突如其来的新想法、新观念。这种想法有时稍纵即逝，像灵感一样；如果能及时捕捉，进行思维加工与实践检验，善加利用，可能获得有价值的创造力。创造力的关键，是如何用有关的、可信的方式，与在此以前无关的事物之间建立一种新的、有意义的关系，这种新的关系可以把事物用某种独创、清新的见解表现出来。

事实上，每个人都可能成为有创造力的人，就看你如何发掘自己的创造力。我们如果发现自己缺乏创造力，可以参照下列的思维障碍标准，检查自己的不足之处。

从众思维

思维枷锁的最大的障碍就是“从众”。“从众”就是指服从众人，顺从大众。别人怎样做，我也怎样做；别人怎样想，我也怎样想。

思维上的“从众模式”，使得人有一种归宿感和安全感，能够消除孤单和恐惧等害怕心理，并认为这是比较保险的处世态度。如果跟随着众人，如果说的对，做得好，那自然会分得一杯羹，即使说错了，做得不好也不要紧，因为无须自己一人承担责任。所以，许多人都愿意跟着大家走。

权威思维

人是教育的产物。来自教育的权威使人们逐渐习惯以权威的是非为是非，对权威的言论不加思考地盲信盲从，其结果正如我们传统的“听话教育”那样：在家听父母的话，在学校听老师的话，在职场听主管的话。而惟独缺少自我思考、冲破权威、勇于创新的能力。

在多数情况下，人们按照专家的意见办事，总能得到预想中的成功；如果不慎违反了专家的意见，则会招致或大或小的失败。久而久之，人们便习惯了以专家的是非为是非，贯以为“专家不可能出错”。于是，在一般人的思维模式当中，专家就形成了权威。

依循思维

我们生活在一个充满经验的世界里。从幼儿长到成年，我们看到的、听到的、感受到的、亲身经历的各种各样的现象和事件，它们都进入我们的头脑构成了丰富的经验。在一般情况下，经验是我们处理日常问题的好帮手。只要具有某一方面的经验，那么在应付这一方面的问题时，就能得心应手。

经验与创新思维之间的关系，是个复杂的问题。一方面，随着时间的推移，我们的经验具有不断增长、不断更新的特点，因而有可能使我们看到经验本身的有限性，经过经验之间的比较而发现其不足性，进而开阔眼界，增强见识，使我们的创新思维能力得以提高。所以，经验本身有时就意味着创新。然而经验也可能是相对稳定性的东西，因而可能导致人们对经验的过分依赖乃至崇拜，而形成固定的思维模式，结果就会削弱想象力，阻碍创新思维的能力。

其次，经验具有主体狭隘性。每一个思维主体，不管经验多么丰富，总是有限的，没有经历过的事情总还是无穷多。所以，当他面临自己从没遇到过的事物或者问题的时候，难免会手足无措。如果单凭已有的经验去推断，其结果往往大多是错误的。

书呆子思维

书本是一种系统化、理论化的知识，也是人类经验和体认的结晶。但是，尽信书不如无书，因为书本知识与现实之间存在着一段距离，二者并不全然吻合。

一般情况下，一个人所受的正规教育越多，其专业知识也就越丰富。但是，从创新思维的角度来说，他的思维受到束缚的可能就越大。为了改善这个问题，防止“书呆子思维模式”的形成，可以采用多种方法自我训练，例如：如实思维法（缘起法），运用禅修来训练直观、如实观；辩证思维法，像苏格拉底，“知道自己的无知”，采用双方辩论，来研究知识的相对性以及知识与现实的差距。

自我中心思维

世界上的每一个人都有自己独特的经历、经验、个性，以及许许多多独特的价值观念。在日常思维活动中，人们往往会自觉或不自觉地按照自己的观念，站在自己的立场，用自己的目光去思考别人乃至整个世界，因此产生了以自我为中心型的思维模式。

然而，如果每个人都只站在自己的角度来看周围的人，那么他将无法与别人进行有效的沟通，因为所谓沟通应该是双向的，而单向的讯息传达经常会出现各种各样的误解。不过，我们应该用自己感到合适的标准来要求自己，却不应该用这种标准去要求别人。因为这种标准在你看来很合适，但是在别人看来并不一定如此。

唯一的标准答案

有一位美国学者说，一个普通读完大学的学生，需经过许许多多的测试、测验和考试，于是所谓“标准答案”的认知在他们的思想中变得根深蒂固。可是在缘起的世界里，生活充满了种种可能性，问题可以有许多的答案，人生的道路也不只一条。所以当你以为答案只有一个时，创新就会遇到阻力。

创造力测试

这是一份帮助你了解自己创造力的练习。在下列句子中，如果你发现某些句子所描述的情形很适合你，则请在答案纸上“完全符合”的选项内打勾；若有些句子只是在部分时候适合你，则在“部分适合”的选项内打勾；如果有些句子对你来说，根本是不可能地，则在“完全不合”的选项内打勾。

注意事项

（1）每一题都要做，不要花太多时间去想。

（2）所有题目都没有“正确答案”，凭你读完每一句后的第一印象选择。

（3）虽然没有时间限制，但尽可能地争取以较快的速度完成，愈快愈好。

（4）切记：凭你自己的真实感觉作答。

（5）每一题只能有一个选择。

选项：完全符合、部分符合、完全不符

题目

（1）在学校里，我喜欢试着对事情或问题做猜测，即使不一定都猜对也无所谓。

（2）我喜欢仔细观察我没有见过的东西，以了解详细的情形。

（3）我喜欢变化多端和富有想象力的故事。

（4）画图时我喜欢临摹别人的作品。

（5）我喜欢利用旧报纸、旧日历及旧罐头等废物来做成各种好玩的东西。

（6）我喜欢幻想一些我想知道或想做的事。

（7）如果事情不能一次完成，我会继续尝试，直到成功为止。

（8）做功课时我喜欢参考各种不同的资料，以便得到多方面的了解。

（9）我喜欢用相同的方法做事情，不喜欢去找其他新的方法。

（10）我喜欢探究事情的真假。

（11）我喜欢做许多新鲜的事。

（12）我不喜欢交新朋友。

（13）我喜欢想一些不会在我身上发生过的事。

（14）我喜欢想象有一天能成为艺术家、音乐家或诗人。

（15）我会因为一些令人兴奋的念头而忘记了其他的事。

（16）我宁愿生活在太空站，也不喜欢住在地球上。

（17）我认为所有的问题都有固定答案。

（18）我喜欢与众不同的事情。

（19）我常想要知道别人正在想什么。

（20）我喜欢故事或电视节目所描写的事。

（21）我喜欢和朋友在一起，和他们分享我的想法。

（22）如果一本故事书的最后一页被撕掉了，我就自己编造一个故事，把结果补上去。

（23）我长大后，想做一些别人从没想过的事情。

（24）尝试新的游戏和活动，是一件有趣的事。

（25）我不喜欢太多的规则限制。

（26）我喜欢解决问题，即使没有正确的答案也没关系。

（27）有许多事情我都很想亲自去尝试。

（28）我喜欢唱没有人知道的新歌。

（29）我不喜欢在班上同学面前发表意见。

（30）当我读小说或看电视时，我喜欢把自己想成故事中的人物。

（31）我喜欢幻想200年前人类生活的情形。

（32）我常想自己编一首新歌。

（33）我喜欢翻箱倒柜，看看有些什么东西在里面。

（34）画图时，我很喜欢改变各种东西的颜色和形状。

（35）我不敢确定我对事情的看法都是对的。

（36）对于一件事情先猜猜看，然后再看是不是猜对了，这种方法很有趣。

（37）玩猜谜之类的游戏很有趣，因为我想知道结果如何。

（38）我对机器感兴趣，也很想知道它里面是什么样子，以及它是怎样转动的。

（39）我喜欢可以拆开来的玩具。

（40）我喜欢想一些新点子，即使用不着也无所谓。

（41）一篇好的文章应该包含许多不同的意见或观点。

（42）为将来可能发生的问题找答案，是一件令人兴奋的事。

（43）我喜欢尝试新的事情，目的只是为了想知道会有什么结果。

（44）玩游戏时，我通常是有兴趣参加，而不在乎输赢。

（45）我喜欢想一些别人常常谈过的事情。

（46）当我看到一张陌生人的照片时，我喜欢去猜测他是怎么样一个人。

（47）我喜欢翻阅书籍及杂志，但只想知道它的内容是什么。

（48）我不喜欢探寻事情发生的各种原因。

（49）我喜欢问一些别人没有想到的问题。

（50）无论在家里或在学校，我总是喜欢做许多有趣的事。

评分方法

本量表共50题，包括冒险性、好奇性、想象力、挑战性四项；测验后可得四种分数，加上总分，可得五项分数。

冒险性：包括（1）、（5）、（21）、（24）、（25）、（28）、（29）、（35）、（36）、（43）、（44）等11道题。其中（29）、（35）为反面题目，得分顺序分别为：

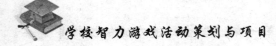

正面题目：完全符合 3 分，部分符和 2 分，完全不符和 1 分；

反面题目：完全符合 1 分，部分符合 2 分，完全不符合 3 分。

好奇性：包含（2）、（8）、（11）、（12）、（19）、（27）、（32）、（34）、（37）、（38）、（39）、（47）、（48）、（49）等 14 道题。其中（12）、（48）为反面题，其余为正面题目。计分方法同冒险部分。

想象力：包含（6）、（13）、（14）、（16）、（20）、（22）、（23）、（30）、（31）、（32）、（40）、（45）、（46）等 13 道题。其中（45）题为反面题，其余为正面题。计分方法同冒险部分。

挑战性：包含（3）、（4）、（7）、（9）、（10）、（15）、（17）、（18）、（26）、（41）、（42）、（50）等 12 道题，其中（4）、（9）、（17）为反面题，其余为正面题。计分方法同前述。

看看你的各项得分和综合分是多少？

学生创造力的锻炼游戏

曹冲6岁称象

曹冲，三国时魏国人，曹操的儿子，公元208年，因病夭折，年仅13岁。自幼聪慧异常，善于动脑。

曹冲6岁那年，东吴孙权送给曹操一头大象，曹操很高兴。大象运到的那天，曹操带领文武百官前去观看，曹冲也在其中。

大象是南方的一种动物，北方人很少见到，都感到新奇。

曹操看到这个庞然大物，很想知道它究竟有多重，就问身边的文武官员："你们说，用什么办法可以称出大象的重量?"

刚才还振振有词的众官员，一下子变得哑口无言了，四周一片寂静，都感到象的体积太大了，想不出办法来。过了好一会儿，一个文官说："做一杆大秤，用房梁那么粗的大树当秤杆，或许能称出大象的重量来。"于是人们纷纷议论说："这个方法不行，有了大秤也不行，谁有那么大的力气把秤杆连大象一起抬起来呢?"这时，曹操帐下的猛将许褚走上前来，大吼道："有办法了，我把大象用刀砍了，一块一块地称，不就知道象的重量了吗?"许褚的话一说完，大家"轰"地一声笑了，有人挖苦说："你这个办法很高明，但是这头珍贵的大象却不见了。"显然人们都不同意他这个办法。

曹冲一言不发默默地站在一旁，紧锁双眉，认真地思索着称象的办法。突然，他走到曹操面前，胸有成竹地道："父亲，孩儿想出办法来了，能称出大象的重量。"

曹操见是自己的儿子曹冲，笑着说：“冲儿，大人都想不出办法，你有什么好办法，快说说看。”

曹冲叫人把大象牵到河边，对着一条大船说：“我们可以把象牵到这条大船上，船一定会下沉，等船稳定下来，让人在船舷边用刀子在齐水面的地方刻上记号。然后，牵下大象，再往船里装石头，等装的石头重量达到吃水的记号时，再称出船里石头的重量，不就是大象的重量吗?”

人们照曹冲的方法，很快称出了大象的重量，曹操异常高兴，称赞曹冲说：“冲儿的办法好极了！”在场的官员们无不投来敬佩的目光，夸奖他有超人的智慧。

曹冲不仅聪明，而且心地善良。一天，他跑到马厩来看马。平时常把他放在马背上玩的马倌正低着头伤心地哭。曹冲不知道出了什么事，就忙上前问道：“你怎么了，哭什么呢?”

马倌惊惧地说：“可恶的老鼠把丞相的马鞍咬坏了。”

曹冲一听，大吃一惊。他知道父亲制定的制度非常严格，对损坏武器装备和马匹的人都要处以严厉的惩罚，甚至被处死。今天损坏的不是别的，而是他自己那副华丽无比、五光十色的锦绣马鞍，看来马倌的性命有危险了。

曹冲很可怜这个马倌，知道他尽到了责任，他为了保管好这副马鞍，把它高高挂在军器库的柱子上，可还是被老鼠咬了，这怎能光怨他呢?“别怕，我去见父亲，听到我的咳嗽声，你再进去禀报马鞍被咬的事。”说完，曹冲回到自己的房间，用剪刀在自己的衣服上捅了几个小洞，然后走到曹操跟前，哭丧着脸说：“父亲，我向您谢罪来了。”

“冲儿，你一个小孩子家，何罪之有?”曹操不解地问。

“您给我的好衣服，被老鼠咬了好多洞，您惩罚孩儿吧！

曹操一听哈哈大笑起来：“是老鼠咬的，怎能怨人呢?”

曹冲咳嗽了两声，跪下说：“谢谢父亲。”

正在这时，马倌抱着马鞍走进来，跪在曹操面前，一五一十地把马鞍被老鼠咬破的事说了一遍。

机灵的曹冲适时重复着刚才父亲那句话："是老鼠咬的，怎能怨人呢?"

曹操听说自己心爱的马鞍被老鼠咬了，心疼极了，但又一想，这不跟冲儿的衣服一样吗，是老鼠咬的，光怨人有何用。于是，笑着说："快起来，治什么罪啊，回去吧。"随即派人去灭鼠。

马倌得救了，他从心里感激曹冲，更佩服他的机智。

公元208年，年仅13岁的曹冲不幸因病夭折了，但他的故事却永远在民间广泛流传着。

祖冲之5岁决心解开圆周之谜

祖冲之（429～500），中国南北朝时的科学家。他计算出的圆周率数值在3.1415926和3.1415927之间，是当时全世界最精确的圆周率数值。他童年不爱读书，喜欢数学和天文。

公元429年，祖冲之出生在范阳（今河北涞水）。祖父祖昌是当朝的大匠卿，主管建筑工程，并且对天文历法及数学有一定的研究。

祖父经常给祖冲之讲一些科学家的故事，其中张衡发明地动仪的故事深深打动了祖冲之幼小的心灵。

祖冲之常随祖父去建筑工地，晚上，在那里他常同农村小孩们一起乘凉、玩耍。

天上星星闪烁，在祖冲之看来，这些星星很杂乱地散布着，而农村孩子们却能叫出星星的名称，如牛郎、织女以及北斗星等。此时，祖冲之觉得自己实在知道得很少。

祖冲之不喜欢读古书。5岁时，父亲教他学《论语》，两个月他也只能背诵十几句，气得父亲又打又骂。可是他喜欢数学和天文。

一天晚上，祖冲之躺在床上想白天老师说的"圆周是直径的3倍"这话似乎不对。第二天早，他就拿了一段妈妈绱鞋子的绳子，跑到村头的路旁，等待过往的车辆。一会儿，来了一辆马车，祖冲之叫住马车，对驾车的老人说："让我用绳子量量您的车轮，行吗？"老人点点头。祖冲之用绳子把车轮量了一下，又把绳子折成同样大小的 3 段，再去量车轮的直径。量来量去，他总觉得车轮的直径没有 1/3 的圆周长。祖冲之站在路旁，一连量了好几辆马车车轮的直径和周长，得出的结论是一样的。

这究竟是为什么？这个问题一直在他的脑海里萦绕，他决心要解开这个谜。

经过多年的努力学习，祖冲之研究了刘徽的"割圆术"。所谓"割圆术"就是在圆内画个正 6 边形，其边长正好等于半径，再分 12 边形，用勾股定理求出每边的长，然后再分 24、48 边形，一直分下去，所得多边形各边长之和就是圆的周长。

祖冲之非常佩服刘徽这个科学方法，但刘徽的圆周率只得到 96 边，得出 3.14 的结果后就没有再算下去。祖冲之决心按刘徽开创的路子继续走下去，一步一步地计算出 192 边形、384 边形……以求得更精确的结果。

当时，数字运算还没利用纸、笔和数码进行演算，而是通过纵横相间地罗列小竹棍，然后按类似珠算的方法进行计算。

祖冲之在房间地板上画了个直径为 1 丈的大圆，又在里边做了个正 6 边形，然后摆开他自己做的许多小木棍开始计算起来。

此时，祖冲之的儿子祖暅已 13 岁了，他也帮着父亲一起工作，两人废寝忘食地计算了十几天才算到 96 边，结果比刘徽的少0.000002丈。

祖暅对父亲说："我们计算得很仔细，一定没错，可能是刘徽错了。"

祖冲之却摇摇头说："要推翻他一定要有科学根据。"

于是，父子俩又花了十几天的时间重新计算了一遍，证明刘徽是对的。

祖冲之为避免再出误差，以后每一步都至少重复计算两遍，直到结果完全相同才罢休。

祖冲之从 12288 边形，算到 24567 边形，两者相差仅0.0000001。祖冲之知道从理论上讲，还可以继续算下去，但实际上无法计算了，只好就此停止，从而得出圆周率必然大于3.1415926，而小于 3.1415927。

很多朋友知道了祖冲之计算的成绩，纷纷登门向他求教。之后，祖冲之又进一步得出圆周率的密率是 355/113，约率是 22/7。直到 1000 多年后，德国数学家鄂图才得出相同的结果。

数学天才华罗庚

华罗庚（1910～1985），江苏金坛人，著名数学家。1930 年发表震惊世界数学界的数学论文《苏家驹之代数的五次方程式解法不能成立之理由》。1950 年任清华大学教授等职。

在江苏金坛县城的清河桥下，有一家小杂货铺，铺主华老强是个老实厚道的商贩。1910 年 11 月 12 日，华老强刚刚从外面收购蚕茧回来，接生婆便跑来道喜："恭喜你啊，喜得贵子！"并把白胖胖的儿子抱到他面前。

华老强乐呵呵地说："你这小家伙还真来了，你爸昨天晚上还梦着你呢！"说着，接过儿子放进箩筐，又把另一个箩筐反扣在上面，自言自语上也说："进箩避邪，同庚同岁，给你取个吉利的名字，就叫罗庚吧。"

装在这破烂不堪的箩筐里的孩子，就是驰名中外的数学家华罗庚。

转眼，华罗庚已是初中二年级的学生了。一天，数学老师跟同学们说："今天，我给大家出一道难题，看谁先解出来。"同学们都睁大眼睛，竖起耳朵。"今有物不知其数，三三数之剩二，五五数之剩三，七七数之剩二，问物几何？"老师摇头晃脑地将难题念出。

"老师，这数是 23。"华罗庚马上站起来回答。

老师惊奇地问："你知道韩信点兵吗？"

"不知道。"华罗庚老实回答。

老师给大家解释说："这是我国古代数学的一个问题，外国教科书上把它命名为'中国剩余定理'也叫'孙子定理'。"同学们一个个听得入了神，老师讲完后，又把目光落在华罗庚的身上。

“华罗庚，你能跟大家讲讲，你是怎样算出来的吗？”

“一个数，3除余2，7除余2，那一定是21加2，21加2就等于23，刚好5除余3。”

听了华罗庚的解释，老师点了点头，用赞许的目光看着他。

“不错，分析得有道理，大家听懂了吗？”

同学们都点头。

下课了，大家议论纷纷，“想不到罗庚还破了难题。”“看他平时成绩也不怎么样嘛！”

华罗庚沉默不语，只有他自己知道，为了学好每门功课，他会忘记吃饭、睡觉，那是付出了辛勤劳动的结果。

从风水书上认字的苏步青

苏步青，生于1902年，浙江平阳人，著名数学家、教育家。中国科学院院士，曾在浙江大学、复旦大学任职，发表学术论文150余篇、专著7部。

1902年9月23日，在浙江平阳卧牛山的一户普通农民家庭，诞生了我国著名的数学家、教育家苏步青。

精通文墨的父亲，借助“平步青云”这个成语，给儿子取了个含义深刻的名字，这其中饱含了父亲对儿子前途的希望。

父亲是风水先生，每天总要读一点书，这激发了童年苏步青认字的兴趣。

不知多少个日日夜夜，在一盏菜油灯下，父子俩一个背诵阴阳八卦，一个好奇地认书上的字。父亲嘴里念念有词，儿子却把兴趣放在字上，从来对书上的内容不感兴趣。他常常蘸着水，在桌上写着风水书上的山、田、土、水等字，边写边认。他一字不落地往下记，不认识的立刻问父亲。父亲对儿子则是有问必答，从不嫌烦。

冬去春来，岁月轮回，不知不觉中，一本风水书被这个孩子读完了。他的识字数量也达到了足可以粗读一般书籍的程度。

苏步青见字就问、认识了就写的行为引起了父亲的注意，他意识到儿子是个读书的材料。于是，就把苏步青送到他伯父的私塾馆念书。

父亲因家中贫穷，交不起学费，就请求让苏步青免费来跟伯父读书。伯父同意了，条件是苏步青要替他烧饭。就这样，7 岁的苏步青进了伯父的私塾馆。在伯父的严格管束下，苏步青认识了不少字。后来，伯父家也撑不下去了，便外出谋生，苏步青也因此回家当起了放牛娃。

苏步青整日和小朋友们在牛背上玩闹，引起了父母的不安。他们既担心儿子不知深浅地打闹会造成意外受伤，更担心长此下去，孩子必定会成为一个不思进取的农民。

望子成龙的父亲决定节衣缩食，送儿子继续读书。此时，苏步青已经到念高小的年龄。高等小学只有县城才有，于是他们横下一条心，把儿子送到离家很远的高等小学上学。当父母把这个决定告诉苏步青时，他高兴得跳了起来。

来县城上高小的学生，多数是有钱人家的孩子。苏步青一进教室，就成了富家子弟嘲笑的对象。他们嫌苏步青的蚊帐破旧，说他不配住在这里，给宿舍丢脸，要求苏步青搬离宿舍。苏步青据理力争，说这是学校让他住的。最后，他们与管楼的先生串通起来，把苏步青赶出了学生宿舍。受尽屈辱的苏步青无处可去，只好在二楼的楼梯口搭起了临时床铺，挂上那顶破旧的蚊帐，儿时的苏步青就这样含泪孤独地睡着了。

不久，学校来了一位新老师。他把地理课讲得生动有趣，一下子把孩子们的注意力吸引到地理上来，特别是苏步青，对地理入了迷。地理老师看到苏步青聪明，记忆力好，就很关心他，还给苏步青讲牛顿的故事来激励他。苏步青从牛顿的故事中悟出了这样的道理：只要有骨气，肯学习，就一定能获得好成绩。

小学毕业后，他以优异的成绩考上了浙江省第十中学。当时第十中学是浙江东南部的最高学府，也是全省重点中学之一。读中学三年级时，当时的校长兼任几何课的教学，他为学生们出了一道题：证明三角形的一个外角等于不相邻的两个内角之和。绝大多数学生仅用一种方法证明，个别学生用两种或三种方法，而苏步青却用了24种方法进行了合理的证明。

功夫不负有心人，1919年，仅17岁的苏步青只身一人赴日本留学。随后，经过十几年的刻苦奋斗，1931年，他如愿获得了日本东北帝国大学理学博士学位。

这个乡村走出来的孩子苏步青，通过一系列的数学创造，为祖国获得了巨大的荣誉，也为数学的发展和中国的教育事业作出了巨大的贡献，在世界上也有一定声望。

童年惶恐的陈景润

陈景润，1933年出生，福建福州人，我国著名数学家。1973年发表关于（1+2）简化证明论文。这篇论文轰动了世界数学界，离数学皇冠“哥德巴赫猜想”仅一步之遥。

20世纪30年代初期，国民党的大权被蒋介石窃取，全国上下邪恶势力放肆嚣张，恶霸地主、土匪一个个逍遥放荡，吃喝玩乐。人们生活在水深火热之中，衣不遮体、忍饥挨饿地过日子。

1933年5月22日，陈景润就出生在同样灾难深重的福建省福州市的闽侯镇，他的父亲陈元俊是一个邮电局的小职员，父亲想让儿子过得比自己好一些，于是为儿子取名景润。陈元俊又添了儿子，他的同事们都围着他贺喜，而他却只有满腹惆怅。

小景润在饥饿中一天天长大了，5岁时的陈景润已懂事了，父亲也由邮电局的小职员升为一个邮电分局的局长，全家搬迁到三明市居住。可是，由于家里又增添了几个孩子，所以还是吃了上顿缺下顿。平时，妈妈害怕陈景润在外出事，很少让他到外面去玩。有一天，外面的猴戏耍得热闹极了，小景润忍不住闹着出去看。“妈妈，我想去看一下猴戏，好吗?”小景润央求道。

妈妈看着小景润企盼的眼神，有些无奈和担心，便说："外面太乱，会出事的。"可小景润一再缠着妈妈，妈妈只好同意。不一会儿，小景润就哭着回来说："妈妈，我怕，外面警察在抓人！"妈妈紧紧搂住被吓得浑身发抖的儿子，眼泪盈满眼眶。

陈景润在这种令人心惊胆战、惶恐动荡的年月里度过了他的童年。他的那种沉静、孤僻的性格就是在这样的环境中形成的。

转眼，陈景润已经7岁了，到了上学的年龄，父母给他找了一所离家近的小学，送他去读书。在所有的学科中，他对数学特别喜欢。只要遨游在代数、几何、三角的解题过程中，他就能够忘却所有肉体和精神上的痛苦。

陈景润平时少言寡语，但非常勤学好问。为了深入探求知识，他主动向老师请教问题或借阅参考书。为了不影响老师的正常工作时间，他总利用下课、老师散步或放学的路上，跟老师一边走，一边请教数学问题。

他自己说："只要是谈论数学，我就滔滔不绝，不再沉默寡言了。"

一个初春的中午，最后一节课的下课铃响了，学生们拥挤着走出教室，回家吃饭。陈景润不紧不慢，走在最后。他从书包里拿出来一本刚从老师那儿借来的教学书，边走边看。他眼睛紧盯在书本上，一会儿也舍不得离开，书上的内容像电影一样一幕幕地闪现，别的什么也顾不上想了。他那神态，就像一个饥饿的人扑到面包上，大口大口的吞吃着。他只顾专心致志地看着书，有意识地沿着那熟悉的道路往家走，脚底下慢慢偏离了方向，不知不觉朝着路边的小树走去。只听"哎哟"一声，他撞到了树上。陈景润推推眼镜，看都没看对方是谁，便连说了好几声"对不起"。可是，对方却没有动静。他以为人家被撞疼了，生了气，抬头仔细一看，原来是棵树。"哎，怎么走到这里来了。"他自言自语地说道。然后，他又捧着书本往前走去。这一幕，被几个班里的调皮鬼看在了眼里。从此，陈景润又多了一则惹人取笑的笑料。

抗日战争爆发初期，陈景润刚刚升入初中，江苏省一所大学也从沦陷区迁到这偏僻的山区来了，大学的教授和讲师也来初中教课。其中有一位数学老师，使陈景润的人生之路发生了根本的改变。这位老师就是曾经任清华大学航空系主任的沈元老师，由于抗战爆发，逃难到福建，靠教书养家糊口。解放后，他就任北京航空学院院长，中国航空学会的理事长。就是这位空界的泰斗，以他渊博精深的知识、诲人不倦的精神，深深的影响着陈景润。

有一次，沈元老师向学生讲了个数学难题，叫“哥德巴赫猜想”，教室里像开了锅的水，学生们叽叽喳喳地议论起来了。他最后又说了一句话：“自然科学的皇后是数学，数学的皇冠是数论，而哥德巴赫猜想则是皇冠上的一颗明珠！”

陈景润听了这句话，不禁为之一震，“‘哥德巴赫猜想’‘数学皇冠上的明珠’，我能摘下这颗明珠吗？”这个问题在他的脑海里萦绕着，因为他是内向的人，所以，他的想法只在心里，却一点不外露。

无论何时何地，只要一进入数学王国，陈景润的一切痛苦此时都被抛到九霄云外，他靠着坚强的毅力和对科学的奉献精神获得了成功！

1973 年 2 月，陈景润的关于（1 + 2）简化证明的论文终于公开发表了！“陈氏定理”，立即轰动了世界数学界，专家们给了他极高的评价。

希帕蒂娅 10 岁迷上数学

希帕蒂娅（约 370 ~ 约 415），杰出的女数学家。她协助父亲完成了对欧几里得《几何原本》的评注和修订。

希帕蒂娅是个聪明漂亮的女孩，在她 10 岁那年的一个清晨，东方的天空刚刚出现一抹红霞，希帕蒂娅和她的父亲塞翁已经在博学园的林间草地练功了。这是几年来养成的习惯。

红日喷薄而出，顿时洒来一股热浪。塞翁和满头是汗的女儿开心地笑着，他们开始在草坪上悠闲的漫步。

“小希帕蒂娅，你看看咱们的影子。”塞翁指着面前的草地。

“一长一短，一胖一瘦，爸爸的像只大熊，我的像个小猴。”希帕蒂娅笑着答道。接着，她眨着美丽的眼睛，问道："我们的影子不就是物体挡着太阳光形成的吗？它有什么用处吗？"

"问得好，希帕蒂娅。我想四旬斋节时，带你去古埃及法老齐阿普斯的金字塔旅行。到时候影子能帮我们测量金字塔的高度呢。这两天，你动动脑筋想个测量的办法，好吗？"

"我试试看，爸爸！"

街上的吵闹声不时飘进希帕蒂娅的房间，她却像个聋子一样坐在桌前纹丝不动，对一切都无动于衷。原来，她正对着上午画好的几何图形思考着测量金字塔的方案。

太阳偏西，院子里响起了铃声。这是提醒希帕蒂娅该下楼练习骑马的信号。骑马可不比练习体操，这要求骑手有胆量、有耐力、有机智。两个月前，塞翁决定让女儿开始这项运动。一听到铃声，她便飞似地冲下楼梯。父亲已经牵着两匹马在门口等她了。其中小的那匹叫"旋风"，是专门给希帕蒂娅骑的。

"爸爸，我的作业还没完成。"

"谁也不能剥夺你呼吸新鲜空气的权利！女儿，上马吧！"

"爸爸，我们今天去哪里？"

"从城西绕到海船码头。"

"太好了，爸爸。"

希帕蒂娅骑上"旋风"，与父亲一前一后，进入拥挤和喧闹的人群中。

一出城，塞翁就打马小跑起来。希帕蒂娅一提马缰，两脚一夹马腹，"旋风"立刻懂了主人的心意，长嘶一声，赶了上去。她一会儿就超过了父亲。

跑马的颠簸使希帕蒂娅全身肌肉都颤抖起来，心也怦怦地跳着。但她是那样兴奋，恨不得一口气跑到码头。"旋风"真像旋风，它卷起一阵尘土，迅猛地向前冲去。塞翁控制着坐骑的速度，策马紧随其后。他估计女儿的体力即将不支，而她骑兴正高，丝毫不想减慢飞奔的速度。于是，他高声喊："希帕蒂娅，向北拐，朝海走。"

"旋风"的速度慢下来，塞翁催马急拐弯，拦住了女儿的马头。

"让马缓缓气，女儿。"

"好的，爸爸。"

两匹马一前一后缓步向前行。夕阳西斜，它把赠给世界万物的影子拉得长长的，丢在它们的东边。

"希帕蒂娅，看到影子了吗？"塞翁又回到上午提出的问题。"来，骑到我的东边。"

真巧，随着影子的重叠，两个影子的最东点正好对齐。

"啊！太棒了！"希帕蒂娅一面观察着两个影子的重叠，一面高兴地叫了起来，"爸爸，太阳和咱们俩的头顶上正好在一条直线上，是吗？前两天刚学过的相似三角形相应边成比例的定理可以用上了，知道你和我的影子长度，又知道我骑在马上的高度，不就能算出你在马上的高度了吗？"

"量我在马上的高度，有一根竹竿就行了。"父亲说。

"可是，没有金字塔那么高的竿子呀！"

希帕蒂娅突然明白了，测量金字塔的高度可以用影子测高的方法。她兴奋极了，抓住父亲的右胳膊，用劲一跳就离开了"旋风"。塞翁吃惊的抱住女儿，把她轻轻放在自己的马上。

"怎么了，女儿！"

"影子可以帮我们测量金字塔的高度。我用不着爬上金字塔了，对吗？"

希帕蒂娅亲热地搂住了父亲的脖子。

高斯8岁发现求等差级数和

高斯（1777～1855），德国数学家、物理学家和天文学家。早期研究数论，著有《算术》一书，此外还有关于向量分析的高斯定理、代数基本定理的证明、质数定理的验算等研究成果。

德国著名的科学家高斯的故乡在德国的布劳恩什维格，他的家境贫寒，祖父是个老实厚道的农民，父亲靠给人打短工来维持一家人的生活。后来，他靠念过几天书当上了杂货店的算账先生。

尚在幼年的高斯就表现出极高的数学天赋。有个晚上，父亲结算店里伙计的工钱，费了好大劲才算出来。一直在旁边看着父亲算账的高斯却说："爸爸，你算错了。"

父亲有些不相信，又认真地算了一遍，才知道真的错了。父亲觉得奇怪：谁也没有教过他算术啊？

高斯小时候跟着父母住在农村，在附近的小学里念书。学校的算术老师是从城里来的，他觉得跑到这么一个穷乡僻壤来教这些农村孩子，真是大材小用，委屈得不得了。他认为穷人的孩子都是天生的笨蛋，教这样的孩子根本用不着认真。所以，他经常训斥学生，动不动就用鞭子惩罚他们。有一天，这位老师情绪特别不好，他的脸拉得很长，一副不高兴的样子。同学们都害怕起来，不知道谁又会受到打骂。老师站到讲台上，像军官下命令一样绷着脸说："今天，你们给我算 1 加 2 加 3，一直加到 100 的和。谁算不出来，就不准回家吃饭，直到算出来为止。"说完就坐在椅子上，看他的小说。

老师坐下不久，高斯拿着小石板来到老师面前说："老师，答案是不是这样？"

老师头也不抬，看也不看，挥手说："去！回去继续算，错了！"

高斯站着不走，把小石板往前一伸说："老师，我想这个答案是对的。"

老师正想发脾气，可是，一看小石板上却端端正正地写着"5050"。他大吃一惊，因为他算过答案的确是"5050"。这个 8 岁的孩子，怎么这么快就算出了正确的答案？

原来高斯不是按着 1、2、3 的方法依次往上加的。他发现一头一尾按次序两个数相加，和都是一样的。1 加 100 是 101，2 加 99 是 101，直到 50 加 51 也是 101，一共有 50 个 101，用 50 乘 101，就是 5050 了。

他用的方法，就是古代数学家经过长期努力才找出来的求等差级数的和的方法。

高斯的发现，使老师震动很大，他痛感自己看不起穷人的孩子，是完全错误的。此后，他认真备课，努力教学，还从汉堡买了书桌，高高兴兴地送给高斯。

高斯在对各方面知识的执着追求，使他在数学、物理学及天文学方面都取得了一定的成就，成为世界著名的科学家。

童年愚笨的希尔伯特

希尔伯特（1862～1943），德国著名数学家，柏林科学院院士。他在1900年国际数学家大会上提出的23个数学问题，被称为“希尔伯特数学问题”，对整个20世纪的数学研究产生了重大影响。

在东普鲁士首府哥尼斯堡，有一个普通的乡村法官家庭，1862年1月23日，这个有着严谨、求实传统的家庭却诞生了一位著名的数学家，他就是希尔伯特。

希尔伯特的祖父和父亲都是法官。母亲是一个有知识有教养的女性。她虽然是一个没有社会职业的家庭主妇，可是她不仅懂得哲学、天文学，还对数学有很深的研究。她读书学习并不是为了谋职，而是出自个人的兴趣和爱好。长期对知识的追求，使她成为学识丰富和视野开阔的人。

常言道：“父母是子女的第一任老师。”从希尔伯特出生起，父母就十分关注他的成长，注意采用各种形式对儿子进行教育。

希尔伯特小时候的表现很令人失望。他的语言能力很差，思维有些迟钝、各项能力也不及同龄的孩子。因此，父母再三考虑没有急于把希尔伯特送进学校，而是在家对他进行启蒙教育。

8岁时，希尔伯特才上小学，比其他孩子晚了两年。上学后，他学习很吃力，除了数学之外没有一科成绩突出。在语言、作文以及需要记忆的科目中，希尔伯特经常考试不及格。在当时的教学条件下，数学并不被重视，数学老师也不被人看重。可是，希尔伯特对数学的浓厚兴趣，使老师很高兴，任课老师有时专门出一些数学难题让学生们比赛，看谁做出的多，想以此来刺激学生们学习数学的兴趣。这样的竞争最适合希尔伯特，他可以充分显示自己的数学才能。所以，每次数学竞赛，都能给希尔伯特带来愉快。

由于老师的启发，热爱数学的学生多起来。由于希尔伯特的数学成绩突出，所以，老师不在时，同学们遇到难题或解不出来的数学问题，就向希尔伯特请教。这给希尔伯特带来了自信和荣誉。

读小学四年级时，班上转来了俄籍犹太人闽可夫斯基三兄弟。他们都聪明过人，老师讲解的问题他们听一遍就能准确地记住。同学们不明白的问题，三兄弟都能解答。三兄弟成了班上的小老师。特别是数学问题，有时讲不明白的问题，闽可夫斯基兄弟能讲明白。

闽可夫斯基兄弟三人的到来，使希尔伯特在数学上的才能大为逊色。这使他感觉有些沮丧。他在学校抬不起头来，回到家中则闷闷不乐。希尔伯特的父母及时发现了儿子的情绪变化，便和希尔伯特一起讨论学习中遇到的问题。他们帮助希尔伯特恢复信心，虽然他在数学上暂时不如闽可夫斯基兄弟，可是，比别人还是强的；在其他学科上虽然暂时不如别人，然而，自己同自己比，他的进步还是很快的。

希尔伯特的父母时刻提醒儿子，学习并不是为了比赛，而是为了自己掌握更多的知识。既然每一天的学习都能给自己带来收获，还有什么必要管别人说自己是聪明还是愚笨呢？父母在帮助希尔伯特恢复信心后，又帮助他找出自己的长处和短处，使他在学习过程中能够扬长避短，鼓起勇气战胜困难。

爱因斯坦 5 岁从计算中获得快乐

爱因斯坦（1879～1955），德国物理学家，生于德国南部小城乌尔姆。他是犹太人，26 岁获博士学位，最重要的贡献是建立了狭义相对论。1921 年获得诺贝尔物理学奖。1933 年因受纳粹政权迫害，迁居美国。

1879年3月14日，在德国南部小城乌尔姆的一个犹太人家中，德国伟大的物理学家爱因斯坦诞生了。

在他两岁时，他们全家搬到了慕尼黑。他的父亲靠几个阔亲戚资助开了一家小厂，但他喜欢看书，不善经营，导致小厂几次破产。所以，他们一家的生活时常处于窘困之中。

转眼，阿尔伯特·爱因斯坦已经是3岁的“大孩子”了。满头又黑又亮、自然卷曲的头发，宽阔的额头，额头下面的一双深陷的、异常明亮有神的棕色大眼睛，再配上略带鹰钩的鼻子，显得十分活泼机灵。可是，年满3岁的小爱因斯坦不大会说话，这让全家颇感忧虑。

无论父亲和母亲怎样帮助和训练，也不见效果。年轻的父亲焦急万分，难道阿尔伯特是低能儿？是天生的痴呆？看着孩子一双充满稚气和灵性的大眼睛，他们怎么也不能相信这一点。

在他们家附近，有一个小的花园，附近几家邻居的孩子经常来这里和爱因斯坦兄妹一块儿玩耍。这些孩子们最喜欢的游戏之一，就是学着军人的样子，列队步行，然后，分作两伙“打仗”玩。

一时间，花园变成了“战场”，积木、水果和土块变成了“炮弹”。孩子们你来我往，追逐着，嬉戏着，杀声震天，孩子们非常投入，场面非常热闹。

爱因斯坦从来都不参加这种游戏。每当“战斗”即将开始时，他都会找一个角落，拿出他十分喜爱的纸板，一遍又一遍搭房子。慕尼黑城里所有爱因斯坦能够记住的主要建筑物，几乎都在他的手下“建成”了。

很快，孩子们发现了爱因斯坦的叛逃，觉得难以理解：这么好玩的游戏，他竟然毫无兴趣，一个人在那儿摆弄那些破纸片。

时间过得真快，不知不觉中，爱因斯坦已经5岁了。一次，爱因斯坦病了，感冒发烧，医生嘱咐要多休息。一连3天，爱因斯坦把所有的书籍和玩具，都重新摆弄了好几遍，直到腻烦为止。手里边没有可供玩弄的东西，他在床上翻来覆去，似乎躺不住了。

父亲看出了儿子的心思，不知从什么地方弄来了一个指南针，送给儿子。

起初，爱因斯坦并没有在意。他漫不经心地拿起指南针，只见中间那根红色的针在轻轻抖动，但总是指着一个方向。爱因斯坦无意之中，把指南针调了一个方向，奇迹出现了：那根红色的指针仍然指着北方！他坐了起来，把指南针猛烈地调过来调过去。可是不管怎么转动，那根红色的指针仍坚定不移地指向北方。爱因斯坦大吃一惊，什么东西使它总是指向北方呢？他把指南针翻过来、调过去地细细查看，没有特殊的东西，这真是太神奇了！

如果说后来的阿尔伯特·爱因斯坦对科学有着执着的追求和不懈的努力的话，指南针无疑是唤醒他对科学的好奇心、探索事物原委的兴趣的开始。这种平凡而又神圣的好奇心，正是一位科学家成长的必需动力。

爱因斯坦的叔叔雅各布·爱因斯坦在慕尼黑一直和爱因斯坦一家住在一起，成为爱因斯坦童年最主要的启蒙老师之一。

叔叔对这个不爱说话但很聪颖的侄儿疼爱有加。同时，他本人是一个很好的电气工程师，十分喜欢数学，而且颇有造诣。每当闲暇之时，叔叔都要给爱因斯坦讲数学原理，然后，再出一些趣味性的数学题目，让小爱因斯坦计算。有时，雅各布叔叔故意出一些远远超过一个5岁孩子正常理解能力的难题，然后，眯着眼睛故意逗小爱因斯坦：“怎么样？想试一试吗？”每次，爱因斯坦都瞪着棕色的大眼睛，用充满稚气的声音回答：“当然！”此后，就是爱因斯坦的苦思冥想，绞尽脑汁地计算。有时候，甚至已经上床睡觉了，忽然想起了什么，也要起来在灯下计算一番。

别人看他这样，很为他难受。可爱因斯坦从来都不把这看作是“受罪”，恰恰相反，他在演算过程中，感受到了乐趣。更重要的是，他在计算过程中领略到了科学的奥秘和创造的快乐。这一点，在他每次解出一道数学难题时，感受尤其强烈。

几十年过去了，阿尔伯特·爱因斯坦凭着对科学的执着，成就了一番事业，成为德国著名的物理学家。

水池里有几桶水

从前，某国王有个习惯，每日早上接受大臣朝拜后，便让众臣陪同在宫殿周围散步。一日，来到御花园，众人坐下观景。国王瞧着面前的水池忽然心血来潮，问身边的大臣："这水池里共有几桶水？"

这个问题问得稀奇古怪，几桶水？谁答得确切？众臣一个个面面相觑。

国王很不高兴，便发旨："你们回去考虑三天，谁能答出便重赏。"

三天过去了，大臣中仍无人能解答得出这个问题。国王觉得很扫兴。此时，有个大臣诚惶诚恐地伏地奏道："国王息怒，我等不才，无法解答您的问题，老臣向国王推荐一人，或许能行。"

国王闻言问："推荐何人？"那大臣说："城东门有个孩子很聪明，人人都叫他神童，是不是把他唤来一试？"

国王一听，觉得好笑。堪称安邦治国的栋梁之才也答不出来，小孩行吗？正想摇头，一想又改变了主意，他想试一下那"神童"的才智如何，便下旨召见。

不多时，那位孩子便被领进大殿。他长相伶俐，落落大方，进了皇宫毫无怯意。

国王便将那问题讲了一遍后，示意让人领小孩到池塘边去看一下。那孩子天真地笑道："不用去看了，这个问题太容易了。"

国王一听乐了，说："哦，那你就讲吧。"

孩子眼睛眨了几眨，说："要看那是怎样的桶。如果桶和水池一般大，那池里就是一桶水；如果桶只有水池的一半大，那池里就有两桶水；如果桶只有水池的三分之一大，那池里就有三桶水，如果……"

"行了，完全对。"国王重赏了这个孩子。

众臣一个个呆若木鸡，自愧不如。

第二章 学生思维力的锻炼指导

什么叫思维力

思维力是人脑对客观事物间接的、概括的反映能力。当人们在学会观察事物之后，他逐渐会把各种不同的物品、事件、经验分类归纳，不同的类型他都能通过思维进行概括。

思维科学认为，思维是人接受信息、存贮信息、加工信息以及输出信息的活动过程。从思维的本质来说，思维是具有意识的人脑对客观现实的本质属性，内部规律的自觉的、间接的和概括的反映。

通过多维立体的思考找出一类事物共同的、本质的属性和事物间内在的、必然的联系方法的能力，属于理性认识。当人们在学会观察事物之后，会把各种不同的物品、事件、经验分类归纳，不同的类型都能通过思维进行概括，这就是思维的特点。

思维训练的基本内涵

思维力训练的广与狭

从广义上来看，它普遍存在于人们生活的方方面面。每个人从一生下来就在接受着各种各样的思维训练，不论是母亲教孩子学吃饭走路，还是老师教学生写字画画；不论是接受某种观念，还是养成某种习惯，从本质上说都是一种头脑的思维训练。从狭义上讲，思维训练则指的是专类思维训练，确切的是指一种高级的思维训练。用一个通俗的比喻来说，广义的思维训练是孩子在母亲的帮助下学会涂鸦乱抹，而狭义的思维训练是学生在大师指导下学习绘画创作。两者的本质虽然相同，但层次却有很大差别。

思维力训练的虚与实

许多人在初识思维训练的时候，都觉得训练思维很“虚”，既不像绘画打字那样有实用价值，又不像学习数学语文那样有可见的知识积累。如果我们因为思维看不见摸不着而将它视为虚，将思维训练视为无用，那就错了。思维训练看似很虚，却是实实在在的。从用途上来讲，任何实用技能训练归根到底都是思维的训练。绘画本身是实的，但如果不掌握绘画的技法和艺术的创作规律等虚的东西，就不可能画出好作品。而学习和消化这些技法和规律，实际上是在接受一种绘画思维训练。从层次上来看，越是智能水平高的训练，就越是呈现出虚多实少的特征，社会越发展，越需要人们的抽象思维发达。

思维力训练的源与流

思维训练是目前世界上最流行也最有效的智力开发方法，不过它并不是现代独有的专利，目前的思维训练是建立在最新的思维科学成果和古代的头脑训练术基础上的。早在古希腊时期，著名的哲学家苏格拉底就创造了有名的“头脑助产术”。现代社会，思维训练受到人们的普遍欢迎，其中商业因素的推动功不可没。在西方发达国家，大公司一般都比较重视对员工的培训工作，尤其是创造思维的培训几乎是总经理与高级主管们的必修课，因为他们在实际工作中切实感受到接受过思维培训和没有接受过思维培训的效果是大不一样的。

思维训练应遵循的原理

简单与复杂

从多角度、多层次、多种方式去分析问题（即使是简单的小问题）的思维叫做复杂的思维模式。只能从一个角度、一个层次、一种方式去看问题的思维叫做简单模式。思维力训练的目的不是为了寻找到答案，而是要使思维模式由简单向复杂转化，即培养多角度、多层次、多方式看问题、发现问题、分析问题并解决问题的思维习惯。复杂的思维模式可以使我们在遇到复杂问题时能简便快捷地有效处理，能以小见大，从简单中看出复杂，从司空见惯中发现规律，看到真谛。达到这种水平的思维能力才算是一流敏锐的头脑。思维力训练题的简单与复杂并不是训练的关键，关键在于大脑的思维模式是复杂的模式还是简单的模式。所以在思维训练中，我们要仔细区别思维模式的简单与复杂和思维训练题的简单与复杂。如果不进行这种有效的训练，即使知识渊博、阅历丰富的人，也会出现用简单的思维模式去分析处理解决复杂的问题的情况。

低级与高级

高级思维与低级思维是层次上的不同，具有相对性的特点。思维的高级与低级主要体现在采用何种思维方式。比较而言，抽象思维方式比形象思维方式高级，创造性思维方式比模仿性思维方式高级，立体思维方式比平面思维方式高级，横向思维方式比纵向思维方式高级等等。在思维力训练过程中应该辩证地看待低级思维方式与高级思维方式的关系。不能因为追求高级思维方式而抛弃低级思维方式。因为低级思维方式是高级思维方式的基础，高级思维方式是低级思维方式的发展。两者是相互依存、相互联系的关系。为了达到高级思维方式而跨越低级思维方式是不可取的，也是不可能的。在思维力训练过程中，应该让思维由低级向高级逐步发展，低级思维方式的训练有助于拓宽夯实根基，为思维向高层次发展创造条件。而高级思维方式有利于迅速提高思维的层次，开阔眼界。只有进行两者之间的依次训练和交叉训练，才能在思维训练中握准尺度，取得最佳的训练效果。

过程与结果

人们往往会出现重视结果而轻视过程的思维倾向。但在思维力训练中要关注的重点却是思维力的过程。一般的学校教育，通常采用两种教学方式，一类教学方式是把问题的结果直接告诉学生，另一种方式是把获得结果的过程传授给学生。前一种方式很省事，但对学生并无好处，后一种方式很麻烦，学生却可以受益终生。当然，并不是说思维力训练就不应该注重结果，这里强调过程是为了使接受训练的人学会更准确地观察问题，更高效地分析问题，更科学地解决问题。训练的目的不是只满足于获得一个答案。答案并不是问题的关键，如何去找答案才是最重要的。

方法与训练

思维方法是人们从无数次思维活动的经验和教训中总结出来的智慧结晶，可分为两大类：一类是怎样提高思维智能的思维方法，例如形象记忆法可以提高记忆力，联想创造法可以提高创造力等等；另一类是怎样科学地观察问题、分析问题和解决问题的思维方法，例如辩证思维法、逻辑思维法、逆向思维法以及系统思维法等等。

虽然掌握正确的思维方法后可以大大提高思维能力，但掌握思维方法与将它转化为思维技巧之间还有一段很长的训练过程要走，只有经过长期大量的思维训练，我们才能在思维实践活动中纯熟地运用思维方法指导各种各样问题的解决。

在思维训练过程中，大量的训练是重要的，科学的方法也是重要的。不重视方法的学习，大量的训练只会是低水平的重复，劳而无功。不加强训练，学到的方法就转化不成技能，没有实用价值。思维方法的学习和思维技能的训练是两个过程，不能相互替代。厚此薄彼或缺少其中任何一环，都不能算是科学的思维训练。

定型与活化

思维定型或形成思维定势是思维发展的必然趋势，是不可能避免的。问题的关键在于如果我们的大脑不能有意识地塑造高效的正确的思维模式，任其自由发展，则有可能形成低劣的、错误的思维模式。思维定型或形成思维定势并不可怕，可怕的是形成错误的思维模式或形成低劣的思维定势。在思维训练中让思维定型不仅是必然的也是必须的，问题的关键在于我们怎样让思维定型和塑造什么类型的思维模式，才能使头脑最大限度地发挥其智力潜能。

知识教育最关心的是知识积累的过程，把知识的系统学习当作教育的核心任务。这样容易使思维畸形发展定型。而思维教育是把发展学生的思维能力、培养正确的思维方式放在教育的中心位置。

思维训练并不只是一个简单的思维模式生成训练，它还包括思维活化和思维创新等训练。从某种程度上讲，所有的思维定势都对头脑具有一定的束缚作用，而要想已定型的思维模式改变更是困难重重。思维活化训练就是为了使思维摆脱定势的束缚，超越固定模式的局限而设计的训练。这种训练能把思维从无意识的被束缚的“睡态”中唤醒，超越旧的思维层面，从更高的位置俯视自己的思维活动，这时所有的思维定势和模式都成了思维的工具。

潜能与技能

思维训练的目的归根到底是为了开发个人的智力潜能。天赋只是一种潜能，只有经过长期的技能训练才能将它转化为现实的能力。思维训练的核心是把大脑的思维当作一种技能来进行训练，就像是训练绘画技能和运动技能一样。

思维的本能不等于思维的能力，任何一种能力的形成都是反复的技能性训练的结果，必须把思维视为一种技能反复训练。把思维当作一种技能来训练是对智力的一种专业化要求。

思维技能的核心训练主要分两部分：

一是根据问题的类型、难易、繁简，训练把思维方法转化为现实的能力；

二是训练综合运用各种思维方法解决问题的能力。

思维的调整方法

人的思维水平是由其包括非智力因素的思维品质所决定的！根据智力心理学的前沿观点，改善一个人的思维品质最主要的就是提高其认知水平，亦即形成一种根据自身认知特点自觉调整控制思维过程、认知策略的思维习惯！更通俗地说，就是养成一种自觉思维。在掌握了一定认知策略与自身认知特点的前提上，经常自觉地对自己思维的状况本身进行“反思”，监控与调整，久而久之形成一种下意识按照思维认知规律与自身认知特点进行思维的习惯！这种训练方式确实有用，不过必须要持之以恒，且注意力一定要集中！

目前思维中存在的问题：

在记忆方面的问题

第一，由于对初始信息、事物本身观察的不深刻、不全面以及记忆的不准确、不深刻，造成在思维过程中常出现思维前提、已有判断、信息被遗忘或掌握不确切的情况，导致进一步地分析、推理无法有效展开！

第二，在平时学习中，由于未能将各种信息、知识分门别类有序地加以储存（短时记忆转为长时记忆），也没有经常性地对知识进行系统化地整理，导致知识记忆的不牢固，知识储存的相对无序，这就造成了在具体思维过程中所需的问题信息、背景知识不能被迅速检索、有效地激活运用，导致了思维的不畅与经常卡壳的后果。

在思维的程序与策略方面的问题

某些思维的程序化策略掌握得不够熟练，其种类与数量也不够。具体表现在：

第一，对某些思维的程序化策略的掌握还远未达到“内在化”的程度。

当问题超出经验思维的有效范围，直觉思维偏差或丧失方向时，相关的程序化思维不能迅速被激活，甚至压根就没有学习过相关问题情境的问题解决策略，无法自觉有效地指导思维找到新的方向，造成思维卡壳、断线！

第二，对数学、逻辑等思维工具掌握不熟练。

只能较直接、凭经验地分析问题，不善于将其转换为数学、逻辑形式加以考察，造成很多问题因无法抽象、简化而难于解决；很多问题也因无法量化、具体化，导致难以比较分析而不能有效解决。

思维的自我调整（自我监控）方面的问题

在思维的自我监控程序中计划、意识、方法、执行、反馈等几个环节尚存在严重不足。究其根本，这反映了思维本身的“自觉性”，即自我监控的习惯尚未完全养成。其中尤以计划、意识、反馈这个环节为甚：

第一，计划：在思维前应先对目的、目标进行精确界定的习惯尚不巩固，对思考的内容、要点、问题的核心结构等问题也往往缺乏基本的界定。

第二，意识：对“意识”本身的意识，对“思维”本身的思维还未形成一种本能，尚须不断的自我提醒。

第三，反馈（调整）：对思维效果、效率的评估，思维过程本身的反思与调控目前是做得最差的。

思维品质方面的问题

思维的分析性与批判性仍不足，仍过于依赖已有经验与模式，对于经验以外的新问题，仍未形成一种通过深入、细致观察发现其线索，善于根据所有已知条件、线索加以系统考察的习惯，经常是浅尝辄止一时找不到答案后就将其束之高阁。思维的灵活性仍须加强：应更加注意从不同角度去看待、分析同一事物，锻炼自己用不同途径、方法解决同一问题的能力。

非智力因素方面的问题

在思维中注意力的高度集中一直都是一个问题。由于注意力的不集中使得思维中的问题意识与目标意识仍不够强烈，思维经常陷入漫无目标、毫无结果的“玄想”。若在这方面能有所改善，对整个思维效率的提升效果将是显著的。

改进建议

第一，加强自觉思维的习惯，经常性地把思维过程本身进行“反思”，通过“大声思维”的方式，找出影响其正确性与效率的各种因素、根源，加以改进！

第二，强化对思维规程与思维策略的训练，特别是应掌握决策思维的一般程序（问题分析、目标确定、提出多个备选方案、择优选用、实施、反馈、调整）、手段与目的分析、逆推法、简化变型（化归）法、典型分析归纳法、推导树法、类别推理与假说法、决策树法、决策表法等分析推理技法。

第三，在对概念的学习中，尽可能地使用概念图或事物关系联系图，以全面深刻地把握概念的内涵、外延及与其它概念的关系。

第四，在思维过程中，注意加强意识本身的调控作用，当思维出现偏差、卡壳、空白及失去方向时，能立刻意识到这一点，不在已有的圈子里继续打转，而是重新对情况作出评估，从其它角度分析问题，重新获得方向。

第五，在思考前或思考中，尽量调整情绪、精力。

思维力的提高方法

思维力的表现方式

智力水平主要通过思维能力反映出来。思维水平的高低，反映一个人智力活动水平的高低，它从不同方面表现出来：

第一，独立性。思维能力强的人必定是善于独立思考的人。即使他请教别人、查阅资料，也是以独立思考为前提的。

第二，灵活性与敏捷性。对事物反应迅速而且灵活，不墨守成规，能较快地认识、解决问题。

第三，逻辑性。思考问题严密而且科学，不穿凿附会，不支离破碎，得出的结论有充足的理由和证据，前因后果思路清晰。

第四，全面性。看问题不片面，能从不同角度整体地看待事物。

第五，创造性。对问题能提出创造性见解，别人没想到的他能够想到。

思维力的提高方法

思维能力是指正确、合理思考的能力，即对事物进行观察、比较、分析、综合、抽象、概括、判断、推理的能力，采用科学的逻辑方法，准确而有条理地表达自己思维过程的能力。它与形象思维能力截然不同。

思维能力不仅是学好数学必须具备的能力，也是学好其他学科、处理日常生活问题所必须的能力。数学是用数量关系（包括空间形式）反映客观世界的一门学科，逻辑性很强、很严密。

第一，灵活使用逻辑。有思维能力不等于能解决较难的问题，仅就逻辑而言，有使用技巧问题。熟能生巧。学数学可知，解题多了，你就知道必须出现怎样的情况才能解决问题，可叫数学哲学。总的来说，文科生与理科生差异在此，不在思维的有无。同时，现实中人们认为逻辑思维能力强的，实际上是思想能力强，并非分文理。而且思想也不是逻辑地得到，而是逻辑地说明。

第二，参与辩论。思想在辩论中产生，包括自己和自己辩论。例如关于是主权高于人权还是相反，我认为是保护人权的主权大于人权，不能包括导致国王享用婴儿宴的主权，既必须界定主权，前者有条件成立。导致该认识的原因是有该问题辩论，否则不会去想。

第三，坚守常识。其实我很轻松得到关于人权的个人结论，原因是不论大牌专家怎么宏论，我不认同的道理只有一个，我坚信谁都不愿意自己的正当权利被侵犯，除非不得已这样的常识。因为坚守这个常识，就要具体分析主权。比如国家保有军队的权利，该权利会在不同情况下要求国民承担不同义务，战时似乎侵犯人权，但这是为每个人安全需要的一种付出，主权必须具有正当性。可见坚守常识及逻辑地得到的结论的重要性。要注意的是，归纳得到的结论不能固守，因为归纳永远是归纳事物的一部分，不可能是全部，它违反部分怎样不等于全部怎样的常识，例如哲学，中国人常常用哲学说明问题，总是从一个一般到另一个一般，所以说而不明，好像不会逻辑思维，谬矣。

第四，敢于质疑。包括权威结论和个人结论，如果逻辑上明显解释不通时。

第五，培养独立思考的习惯。有的学生遇到疑难问题，总希望老师给他答案。有些老师直接把答案告诉学生，这对发展学生的智力没有好处。高明的老师面对学生的问题，应告诉他们自己寻找答案的方法，启发学生运用自己学过的知识和经验去寻找答案。当学生自己得出答案时，他会充满成就感，而且会产生新的学习动力。

第二，让自己经常处在问题情景之中。当你提出问题时，老师要跟学生一起讨论问题，老师的积极主动对学生影响很大。特别是有的老师弄不懂的问题，还可以通过请教他人、查阅资料、反复思考获得圆满答案，这个过程最能提高学生的思维能力。

第三，收集动脑筋的故事和资料。动脑筋的故事和资料很多，有的是真人真事，有的是寓言故事，有的是科普性读物。空闲时间翻阅这些资料，讨论感兴趣的问题。

第四，搞智力竞赛。学校可以利用节假日进行智力竞赛，老师和学生轮流做主持人，设立小奖品或其他奖励措施。为了增强气氛，可以请其他年级的学生参加。

第五，引导学生一起讨论，设计解决问题的思路，参与解决问题的过程。老师应引导学生并与学生一起共同讨论、设计解决问题的方案，并付诸实施。这个过程需要分析、归纳、推理，需要设想解决问题的方法与程序，这对于提高学生的思维能力和解决问题的能力大有帮助。

思维训练的误区

思维是什么概念，到底如何培养思维能力，对此很多家长不了解。

误区一：思维训练不可捉摸

分析：美国著名心理学家吉尔福特将思维能力纳入了智力结构的范畴中，提出了著名的智力结构理论。吉尔福特理论认为，人的智力是由 120 个智力因子组成，这 120 个智力因子分别负责人类不同领域的智力活动，智力活动的水平是由这些智力因子的发展水平来决定的。而影响这些智力因子发展水平的是思维内容、思维操作过程和思维结果。同时，他认为，思维能力是可以在儿童时期培养的，不过思维作为人类很潜在的一种心理品质，其培养不是一朝一夕几个活动就能完成的，需要家长在日常生活中的引导，也是有培训方法的。

误区二：思维能力就是想象力

分析：很多家长都认为思维培训就是开发想象力的，其实这是错误的概念。在教育中，思维是一种考虑问题的逻辑推理方法，是孩子发现问题、解决问题的能力。它好比是手上的工具，这种能力能让孩子得到更多的知识，和更丰富的生活体验。

误区三：优秀的孩子思维能力一定强

分析：现在的孩子一个比一个优秀，琴棋书画样样齐全，而孩子思考问题和解决问题的能力却是家长往往会忽视的地方。除了拥有各种各样的特长，孩子是否拥有一个会思考的大脑也很关键，特长并不是优秀的代名词，也只有会思考的人才是主宰未来的人。

思维力的训练方法

思维能力的训练是一种有目的、有计划、有系统的教育活动。对它的作用不可轻估。人的天性对思维能力具有影响力，但后天的教育与训练对思维能力的影响更大、更深。许多研究成果表明，后天环境能在很大程度上造就一个新人。

思维能力的训练主要目的是改善思维品质，提高学生的思维能力。只要能在实际训练中把握住思维品质，进行有的放矢的努力，就能顺利地卓有成效地坚持下去。思维并非神秘之物，尽管看不见，摸不着，来无影，去无踪，但它却是实实在在有特点、有品质的普遍心理现象。

推陈出新训练法

当看到、听到或者接触到一件事情、一种事物时，应当尽可能赋予它们的新的性质，摆脱旧有方法束缚，运用新观点、新方法、新结论，反映出独创性，按照这个思路对学生进行思维方法训练，往往能收到推陈出新的结果。

聚合抽象训练法

把所有感知到的对象依据一定的标准“聚合”起来，显示出它们的共性和本质，这能增强学生的创造性思维活动。这个训练方法首先要对感知材料形成总体轮廓认识，从感觉上发现十分突出的特点；其次要从感觉到共性问题中肢解分析，形成若干分析群，进而抽象出本质特征；再次，要对抽象出来的事物本质进行概括性描述，最后形成具有指导意义的理性成果。

循序渐进训练法

这个训练法对学生的思维很有裨益，能增强领导者的分析思维能力和预见能力，能够保证领导者事先对某个设想进行严密的思考，在思维上借助于逻辑推理的形式，把结果推导出来。

生疑提问训练法

此训练法是对事物或过去一直被人认为是正确的东西或某种固定的思考模式敢于并且善于或提出新观点和新建议，并能运用各种证据，证明新结论的正确性。这也标志着一个学生创新能力的高低。训练方法是：首先，每当观察到一件事物或现象时，无论是初次还是多次接触，都要问“为什么”，并且养成习惯；其次，每当遇到工作中的问题时，尽可能地寻求自身运动的规律性，或从不同角度、不同方向变换观察同一问题，以免被知觉假象所迷惑。

集思广益训练法

此训练法是在一个组织起来的团体中，借助思维大家彼此交流，集中众多人的集体智慧，广泛吸收有益意见，从而达到思维能力的提高。此法有利于研究成果的形成，还具有潜在的培养学生的研究能力的作用。因为，当一些富个性的学生聚集在一起，由于各人的起点、观察问题角度不同，研究方式、分析问题的水平的不同，产生种种不同观点和解决问题的办法。通过比较、对照、切磋，这之间就会有意无意地学习到对方思考问题的方法，从而使自己的思维能力得到潜移默化的改进。

思维训练之模糊思考法

有人用一只大木笼，装了一只鹿，一只獐，送给王元泽的父亲王安石。

这时王元泽还是个小孩子。送东西的人问王元泽：

“你看，这笼子里哪是鹿？哪是獐？”

王元泽不认识獐，也不认识鹿。他想了一下就回答说：

“鹿旁边的是獐，獐旁边的是鹿。”

大家听了都拍手叫好。

你觉得为什么王元泽的回答好呢？其实很简单，他就好在不明确，好在含糊其词。这就是模糊思维法。

模糊思维法是与精确思维相对立的，但是模糊思维现象并非含混不清，更不是抛开逻辑，放弃精确，而是辩证思维，以达到模糊与精确相统一，逻辑与非逻辑相结合，使之具有广泛的实用价值。社会生活中有些问题还非使用模糊思维不可。

在南朝时，齐高帝曾与当时的书法家王僧虔一起研习书法。有一次，高帝突然问王僧虔说：“你和我谁的字更好？”

这问题比较难回答，说高帝的字比自己的好，是违心之言；说高帝的字不如自己，又会使高帝的面子搁不住，弄不好还会将君臣之间的关系弄得很糟糕。

这时候，王僧虔巧妙地回答：“我的字臣中最好，您的字君中最好。”

虽然皇帝也听出了王僧虔的言外之意是自己的字比较好一些，但至少他也说了皇帝的字在的皇帝中是最好的。

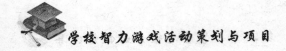

高帝领悟了其中的言外之意，哈哈一笑，也就作罢，不再提这事了。

可见，在许多场合，有一些话不好直说不能直说也无法明说，模糊回答法就比较合适。怎样进行模糊思考呢?

歧义模糊

在特定场合，特定情况下，如果根据需要有意识地利用歧义，制造歧义是一种机智的模糊思维法。

鲁迅在厦门大学任教期间，校方号召开一次专门会议，无理削减一半经费，遭到了与会人员的反对。

校长林文庆不但不予理睬，反而阴阳怪气地说："关于这件事，不能听你们的。学校的经费是有钱人付出的，只有有钱人，才有发言权。"

他刚说完，鲁迅即从口袋里摸出两个银元"啪"地一声拍到桌子上，铿锵有力地说："我有钱，我有发言权。"校长措手不及，哑口无言。

这里，鲁迅就把有钱这个词故意曲解了。

谐音模糊

在汉语中，谐音给理解带来了一定的麻烦。但是，利用谐音也可以在思维及与他人交流和辩论中取得有利地位。

一天，苏东坡与和尚朋友一起泛舟赤壁。苏东坡见一条狗在河滩上啃骨头，马上灵机一动，说："狗啃河上（和尚）骨。"朋友听苏东坡的诗中别有含义，于是回敬道："水流东坡诗（尸）。"

表面看来，两人好像是吟诗写实，颂扬风雅，但实际上两人都在互相戏弄，互相嘲笑。

思维训练之立体思维法

有三个年轻的泥匠工人在一个工地上同砌一堵墙。

领导来视察，问道："你们在干什么？"

第一个工人苦着脸说："砌墙！"

第二个工人微笑地说："我们在盖一幢高楼。"

第三个人自豪地说："我们正在建设一个新的城市呢！"

10年之后，第一个人在另一个工地上砌墙；第二个人坐在办公室中画图纸，他成了工程师；第三个人则成了城市规划师。

一位心理学家曾经出过这样一个测验题：

在一块土地上种植四棵树，使得每两棵树之间的距离都相等。受试的学生在纸上画了一个又一个的几何图形：正方形、菱形、梯形、平行四边形……然而，无论什么四边形都不行。这时，心理学家公布出了答案，其中一棵树可以种在山顶上！这样，只要其余三棵树与之构成正四面体的话，就能符合题意要求了。这些受试的学生考虑了那样长的时间却找不到答案，原因在于他们没有学会使用一种创造性的方法——立体思维法。

立体思维法也叫整体思维法或空间思维法，是指对认识对象从多角度、多方位、多层次、多学科地考察研究，力图真实地反映认识对象的整体以及这个整体和其他周围事物构成的立体画面的思维方法。

立体思维要求人们跳出点、线、面的限制，有意识地从上下左右、四面八方各个方向去考虑问题，也就是要"立起来思考"。

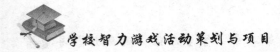

古代印度的合罕王，打算重赏国际象棋的发明者——宰相西萨。西萨向国王请求说："陛下，我想向你要一点粮食，然后将它们分给贫困的百姓。"

国王高兴地同意了。

西萨说："陛下，请您派人在这张棋盘的第一个小格内放上一粒麦子，在第二格放两粒，第三格放四粒……照这样下去，每一格内的数量比前一格增加一倍。用麦粒摆满棋盘上所有64个格子，我只要这些麦粒就够了。"

所有在场的人都觉得西萨很傻，连国王也认为西萨太傻了，但国王还是答应了西萨这个看起来微不足道的请求。

于是，国王派人开始在棋格上放麦粒，一开始只拿了一碗麦粒。在场的人都在笑西萨。随着放置麦粒的方格不断增多，搬运麦粒的工具也由碗换成盆，又由盆换成箩筐。即使到这个时候，大臣们还是笑声不断，甚至有人提议不必如此费事了，干脆装满一马车麦子给西萨就行了！

不知从哪一刻起，喧闹的人们突然安静下来，大臣和国王都惊诧得张大了嘴。因为他们发现，即使倾全国所有，也填不满下一个格子了！

事实上，你如果计算一下就会发现，最后一格的麦粒是一个长达20位的天文数字！这样多的麦粒相当于全世界两千年的小麦产量。国王当然是无法实现这个诺言的。就这样，西萨不仅显示了自己的智慧，而且为贫困的百姓争取到了足够多的粮食。

思维训练之链式思维法

美国阿拉斯加涅利新自然保护区动物园里生活着大量的鹿。当地居民经常可以看到狼把鹿群追得四处逃命，许多鹿被咬得鲜血淋漓。

动物园为了保护鹿群，便对狼进行了大围剿。不久，狼被消灭光了。

鹿群没了天敌后，生活得非常安逸。它们整天在园子里吃草、休息，结果体质反而退化了，居然成群成群地死去。

为了不让鹿濒临灭绝，当地居民请来了著名的动物专家来想办法。动物专家在自然保护区内观察了一段时间后，居然又运了一些狼放在保护区内。

当地的居民非常不解，鹿快要死光了，再放一些狼进去，鹿不是死得更快吗？

但是，动物专家的解释却不是那么回事。他说："每一种生物都有天敌，这样可以通过自然淘汰保持生物的优良品种，促进生物的生存繁殖，这就是生物链。失去了天敌，生物链就被破坏了，鹿自然走向了死亡。"

这就是链式思维。链式思维法是用分支树图的形式，首先设计出了各种可供选择的答案或因素，以表明它们之间的前后联系，然后从中权衡。

链式思维的关键是要想到一个事物与其他事物是形成一条链的，每个事物都像锁链上的一个环，环环相连。只要提起一个事物，就要想到第二个事物，然后是第三个，一直想到最后一个。

例如，我们打算记忆以下 10 个词语：月亮、嘴巴、鸡、飞机、树林、水桶、唱歌、篮球、日记、床。就可以通过链式思考来记忆。我们可以这样联想：

第一步，把月亮和嘴巴通过联想联系起来，可以这样想像：弯弯的月亮长着一个圆圆的嘴巴；

第二步，把嘴巴与鸡联系起来，可以接着往下想：月亮正张开嘴巴要吃东西，突然看一只鸡走了过来，于是嘴巴赶紧停止吃东西，想跟鸡打招呼；

第三步，把鸡与飞机联系起来，可以接着往下想：但是，鸡却不想理月亮，它坐上飞机飞走了；

第四步，把飞机与树林联系起来，接着往下想：鸡开着飞机来到一片树林里；

第五步，把树林与水桶联系起来，接着往下想：树林里有一群伐木工人正在伐木，

第六步，把水桶与唱歌联系起来，接着往下想：一只只水桶做出来了，成群的水桶居然在树林唱歌；

第七步，把唱歌与篮球联系起来，接着往下想：水桶唱歌的声音把篮球给引了过来，他非常奇怪水桶居然有这么动听的歌声；

第八步，把篮球与日记联系起来，接着往下想：篮球回到家，把自己看到的东西写在了日记上；

第九步，把日记与床联系起来，接着往下想：篮球写完日记，觉得非常累，就上床睡觉去了。

通过这样的联想，就把上面这10个词语给联系起来了。当然这里的联想有点麻烦，但是，只要你习惯以后，这种联想在很短时间内就能完成。

创造性思维的培养

逻辑思维本身虽然不大可能像形象思维与直觉思维那样直接形成灵感或顿悟。但是，时间逻辑思维又是创造性思维过程中的一个不可缺少的要素，这是因为，不论是形象思维还是直觉思维，其创造性目标的最终实现都离不开时间逻辑思维的指引、调节与控制的作用。

例如，上面提到的“大陆漂移说”尽管是起源于对世界地图的观察与想象，但是在20世纪初期曾进行过这类观察和想象的并非只有德国的魏格纳一个人，当时美国的泰勒和贝克也曾有过同样的观察和想象，并且也萌发过大陆可能漂移的想法，但是最终未能像魏格纳那样形成完整的学说。其原因就在于，这种新观点提出后，曾遭到传统“固定论”者（认为海陆相对位置固定的学者）的强烈反对。泰勒和贝克等人由于缺乏基于逻辑分析的坚定信念的支持，不敢继续朝此方向进行探索，所以最终仍停留在原来的想象水平上。只有魏格纳（他原来是气象学家）利用气象学的知识对古气候和古冰川的现象进行逻辑分析后，所得结论使其仍坚持原来的想象，并在这种分析结论的指引与调控下，对大洋两侧的地质构造及古生物化石作了深入的调研，终于在1915年发表了著名的《大陆和海洋的起源》一书，以大量的证据提出了完整的“大陆漂移说”。

又如，阿基米德在盆浴时发现水面上升与他身体侵入部分体积之间的内隐关系，固然是由于直觉思维（把握事物之间的关系）而产生的顿悟，但是这种顿悟并非凭空而来的。诚如第三章第五节所指出的，这是因为阿基米德事先通过逻辑分析、推理知道，如果是纯金的皇冠，由于其密度已知，在体积一定的条件下其重量很容易计算出来，再与皇冠实际测量出的重量相比较，即可确定皇冠是否用纯金制成。换句话说，只要能测量出其体积就能计算其重量，也就能据此判定是否掺有杂质，于是问题的关键就转化为如何测量皇冠的不规则体积。正是在这一逻辑思维结论的指引下，阿基米德才能把自己直觉思维的焦点指向与皇冠体积测量相关联的事物，才有可能在盆浴过程中发生顿悟。而在此之前，尽管阿基米德也曾在千百次盆浴中看到过同样的现象，却从未能发生类似的顿悟，就是由于缺乏上述逻辑思维指引的缘故。

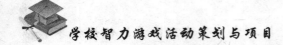

再如，“爱莲说”之所以具有永恒的艺术魅力和净化人们心灵的强大精神力量，也绝不仅仅是由于作者的形象思维和作者的文采，而首先是和作者几十年来的人生感悟分不开——这种“感悟”是作者通过对社会上各种人际关系进行深刻的逻辑分析、推理后所做出的关于人生价值的判断，所以这种艺术魅力和精神力量也是和作者的逻辑思维分不开的。

以上事实表明，逻辑思维虽然不能直接产生灵感或顿悟（灵感或顿悟总是来自形象思维或直觉思维），但是对创造性目标的实现却有指引和调控作用，离开逻辑思维的这种作用，光靠形象思维和直觉思维，创造性活动是不可能完成的。泰勒和贝克等人虽然曾和魏格纳有过同样的观察和想象（即有过同样的灵感或顿悟），但最终仍停留在原来的想象水平，不能实现理论上的创新，其原因概出于此。

创新思维训练习题

1. 巧排队列

24 个人排成 6 列，要求每 5 个人为一列，请问该怎么排列好呢？

2. 升斗量水

一长方形的升斗，它的容积是 1 升。有人也称之为立升或公升。现在要求你只使用这个升斗，准确地量出 0. 5 升的水。请问应该怎样办才能做到这一点呢？

3. 违纪开车

在美国城市街道的交叉路口上，明文规定着有步行者横过公路时，车辆就应停在人行道前等待。可是偏偏有个汽车司机，当交叉路口上还有很多人横过马路时，他却突然撞进人群中，全速向前跑。这时旁边的警察看了也无所谓，并没有责怪他。你说这是为什么？

4. 变换方位

在桌子上并排放有 3 张数字卡片组成三位数字 216。如果把这 3 张卡片的方位变换一下，则组成了另一个三位数，这个三位数恰好用 43 除尽。是什么数，怎样变换的？

5. 月球飞鸟

月球上的重力只有地球上的六分之一。有一种鸟在地球上飞 20 公里要用 1 小时，如果把它放到月球上，飞 20 公里要多少时间？

6. 诚实与说谎

A、B、C、D 四个孩子在院子里踢足球，把一户人家的玻璃打碎了。可是当房主人问他们是谁踢的球把玻璃打碎的，他们谁也不承认是自己打碎的。房主人问 A，A 说："是 C 打的。" C 则说："A 说的不符合事实。" 房主人又问 B，B 说："不是我打的。" 再问 D，D 说是 A 打的。已经知道这 4 个孩子当中有 1 个很老实，不会说假话；其余 3 个都不老实，都说的是假话。请你帮助分析一下这个说真话的孩子是谁，打碎玻璃的又是谁？

7. 最后一个字母

英语字母表的第一个字母是 A。B 的前面当然是 A。那么最后一个字母是什么？

8. 沉船

某人有过这样一次经历：他乘坐的船驶到海上后就慢慢地沉下去了，但是，船上所有的乘客都很镇静，既没有人去穿救生衣，也没有人跳海逃命，却眼睁睁地看着这条船全部沉没。

9. 火车过隧道

两条火车轨道除了在隧道内的一段外都是平行铺设的。由于隧道的宽度不足以铺设双轨，因此，在隧道内只能铺设单轨。

一天下午，一列火车从某一方向驶入隧道，另一列火车从相反方向驶入隧道。两列火车都以最高的速度行驶，然而，它们并未相撞。这是为什么？

10. 车祸

车祸发生后不久，第一批警察和救护车已赶到现场，发现翻覆的车子内外都是血迹斑斑，却没有见到死者和伤者，为什么？

11. 吊在半空中的管理员

当夜总会的侍者上班的时候，他听到顶楼传来了呼叫声。他奔到顶楼，发现管理员腰部束了一根绳子被吊在顶梁上。

管理员对侍者说："快点把我放下来，去叫警察，我们被抢劫了。" 管理员把经过情形告诉了警察。昨夜停止营业以后，进来两个强盗把钱全抢去了，然后把我带到顶楼，用绳子将我吊在梁上。警察对此深信不疑，因为顶楼房里空无一人，他无法把自己吊在那么高的梁上，那里也没有垫脚之物。有一部梯子曾被这伙盗贼用过，但它却放在门外。

然而，没过几个星期，管理员因偷盗而被抓了起来。你能否说明一下，没有任何人的帮助，管理员是怎样把自己吊在半空中的？

正确答案

1. 巧排队列答案：排成六角形。

人们在日常生活中对于排列，往往局限于横排或者竖排，但5人为一列，排成6列，显然24人是不够排的。所以不打破常规，这个问题是解决不了的，由于人数不够排列时必须要考虑有的人要兼任两个队列的数目，这样排列时，就不难考虑出六角形的形状。

2. 升斗量水答案：用升斗斜着量就可以做到。

旧有的思维习惯紧紧追随着我们，我们使用量杯或升斗时，常习惯于平直地计量体积。当你为解答这道问题而愁眉不展时，你可能从没想到改变一下升斗的摆放测量方式，把升斗歪斜使用、改变虽然很小，却是打破习惯和思想解放的表现。有时是很难迈出的一步。与这个问题相似，日常生活中有些货物难以进入狭窄的门口时，就需要上下颠倒或前后左右歪斜。那些不知转动变通、进退维谷、束手无策的人，只能说明他们的头脑僵化罢了。那些思维有创新的人是不会被这些难题难倒的。

3. 违纪开车答案：你一定想，车开进了人群，会出人命的，警察怎么这么不负责。可是题中并没有说汽车司机开着车呀！在日常生活中，提到汽车司机，人们的头脑中就会出现司机驾驶着汽车的形象，所以，好多误解是我们没有认真看题的结果。汽车司机步行也是可以的，如果他步行着走进人群，全速向前跑，警察当然不会管了。

4. 变换方位答案：恰好用43除尽的三位数有129、172、215……你要心中有数，与“216”比较怎样变动可以满足要求。可将“216”中“21”左右交换为“12”，再把“6”的那张卡片上下倒置变为“9”即可变为“129”被43所除尽。

说到变换 3 张卡片的位置，多数人只想到卡片的左右位置交换，没有想到把卡片倒置。上下交换是一种新思路。这种新的思路并不只限于解决这一问题，和你有关的空间位置问题都可用新的思路去解决。

5. 月球飞鸟答案：你必须知道月球上简单知识才能回答。如果你认为重力小飞行快而用 60/6 = 10（分），那么这个答案将是荒谬的。因为月球上没有氧气，鸟儿根本没法呼吸，自然也就不可能飞了，恐怕它刚展开翅膀就会死掉。

6. 诚实与说谎答案：说真话的是 C；打碎玻璃的是 B。

思考方法是这样的：将所得到的材料，根据所给定的条件，一个个地排除这个问题的不可能方面，逐步缩小问题的范围，进而解决问题，这是推理的一个好方法。因为 4 个孩子当个只有 1 个说了真话. 所以可推理如下：

假如 A 说的是真话，那么 B 说的也是真话了，2 个孩子都说真话，不符合所设条件，所以可以断定玻璃不是 C 打破的。同理 D 说的也不是真话，所以玻璃也不是 A 打破的。经过大浪淘沙，只剩下孩子 B 与 D 了，假如打碎玻璃的是 D，那么 B 与 C 都说了真话，所以打破玻璃的必然是 B 了，而说真话的是 C。

7. 最后一个字母答案：太容易了，你可能脱口而出“是 Z”可是难道你不觉得这样答太容易了吗？“过分容易”的问题你更要全面思考，认真回答。Z 是 26 个字母中最后一个，题中问的是英语字母表的最后一个字母，不知你体会到了题中用意没有。正确答案应该是 T。因为 alphabet（字母表）的第一个字母是 A，最后一个字母是 T。ALPHABET。

8. 沉船答案：在潜水艇里。

9. 火车过隧道答案：两列火车在不同的时间里驶入隧道。

10. 车祸答案：这是一辆献血车。

11. 吊在半空中的管理员答案：他是这样做的：他利用梯子把绳子的一头系在顶梁上，然后把梯子移到了门外。回来时带进一块巨大的冰块，这冰块是事先放在冷藏库里的。他立在冰块上，用绳子把自己系好，然后等时间。第二天当侍者发现他的时候，冰块已完全都融化了，管理员就此被吊在半空中。他真狡猾，是吗？

学生思维力的锻炼游戏

电话问题

有一天晚上，一个朋友打电话给尼可，问他一个问题。尼可思考了一下回答说，这个问题我知道，告诉你吧！

但过了一会儿，另外一个朋友也打电话给尼可，问的也是同样的一个问题，但尼可却回答，你脑袋有问题吗！我怎么会知道呢！

特别说明的是：尼可和这两位朋友之间的关系都很一般，但他也不是在开玩笑。

请问：尼可到底被朋友问了什么样的问题？

水草

一天晚上，王大刚跟他女友一块到河边散步。当他们正在河边走的时候，他的女友突然间掉进了河里，王大刚急忙跳到水里去找，可找了好长时间，还是没找到他的女友，他伤心的离开了这里。几年之后，他故地重游。当他再一次走到河边时，看到有个老头在钓鱼，可那个老头钓上来的鱼身上没有水草，他就问那老头为什么鱼身上没有沾到一点水草，那老头说：这河从没有长过水草。听了老头的话，王大刚突然跳到水里，自杀了。为什么？

谁的年龄大

小英和小红是姐妹俩。有一天，一个路人问她们："你们俩个谁的年龄比较大一些呀？"

小英说：“我的年龄比较大。”

小红说：“我的年龄比较小。”

她们两个不是双胞胎，而且她们之中至少有一个人在说谎。

请问：她们两个谁的年龄比较大？

商场购物

小涛、小宇、小闯三个人一起约定周日一起去商场买东西。他们各自买了不同的东西（书包、CD、英语词典、篮球等）。

请根据他们三个人所说的话，推断出谁买了什么东西。其中每个人的话都有一半是真的，一半是假话。

小涛：“小宇买的不是篮球，小闯买的不是 CD。”

小宇：“小涛买的不是 CD，小闯买的不是英语词典。”

小闯：“小涛买的不是书包，小宇买的是英语词典。”

请问：他们三个人各买了哪些东西？

雪地上的脚印

在一个寒冷的冬天，刚下过一场大雪。地上的积雪厚达 30 厘米以上。一个罪犯在自己的家中杀人后，穿过一片小树林，将尸体扛到了邻居一所正在建造中的空房内，转移了杀人现场。然后他又顺着原路回到了家中，并拨通了报警电话，装作若无其事的样子说发现一具尸体，可能是被人杀害了。

警察赶到后，迅速的对现场做了勘查，然后又查看了那个人往返现场时留在雪地上的脚印，便厉声的呵斥道：“你在说谎，凶手就是你！”

你知道警察是怎么判断出这个人就是杀人凶手？

亲兄弟

在北京一个大杂院里，分别住着四户人家，并且每家各有两个男孩。在这四对亲兄弟中，哥哥分别是日、月、水、火，弟弟分别是 A、B、C、D。一次，有位过路人看到这几个孩子正在一起玩耍，便上前问道：“你们谁和谁是亲兄弟呀?”

他们的回答分别是：

月说：“水的弟弟是D。”

水说：“火的弟弟不是C。”

日说：“月的弟弟不是A。”

火说：“他们三个人中，只有D的哥哥说了实话。”火的话是可信的，听完他们的话，过路人想了好半天也没有想出到底谁和谁是亲兄弟。聪明的朋友，你能帮他想一想吗?

录取情况

王兵、张丽、马涛三人被北京大学、清华大学和北京师范大学录取，但是，他们分别被哪个学校录取的，还有很多人不知道。为此，他们的同学作了如下的猜测：

同学A猜：王兵被清华大学录取，马涛被北京师范大学录取；

同学B猜：王兵被北京师范大学录取，张丽被清华大学录取；

同学C猜：王兵被北京大学录取，马涛被清华大学录取；

结果，同学们的猜测各对了一半。

那么，他们的录取情况是

A. 王兵、张丽、马涛分别被北京大学、清华大学和北京师范大学录取；

B. 王兵、张丽、马涛分别被清华大学、北京师范大学和北京大学录取；

C. 王兵、张丽、马涛分别被北京师范大学、清华大学和北京大学录取；

D. 王兵、张丽、马涛分别被北京大学、北京师范大学和清华大学录取；

E. 王兵、张丽、马涛分别被清华大学、北京大学和北京师范大学录取；

你认为那个答案是对的?

谁是男性谁女性

张强夫妇有七个孩子。从老大到老七分别为甲、乙、丙、丁、戊、己、庚。现在，他们兄妹七人的情况如下：

1. 甲有三个妹妹；

2. 乙有一个哥哥；

3. 丙是女的，她有两个妹妹；

4. 丁有两个弟弟；

5. 戊有两个姐姐；

6. 己也是个女的，但她和庚没有妹妹。

根据这些条件，你能推算出他们兄妹七人谁是男性，谁是女性吗？

真正的朋友是谁

玲玲是一个气质高雅、活泼开朗的女孩，所以，在她所在的班上，她是九个同学希望交往的对象，而这九个人中，有一个人是玲玲真正的朋友。以下是这九个人所说的话，假设他们中间有四个人说实话，那么，根据你的推测，谁才是玛丽真正的朋友？

A：我想一定是G。B：我想是G。C：我是玛丽的真正的朋友。D：E在说谎。E：我想一定是I。F：不是我也不是I。G：F说的是实话。H：C是玛丽真正的朋友。I：我才是玛丽真正的朋友。

有几个天使

有一天，一个旅行家在深山中行走，突然出现了三个美女，分别为A、B、C，她们要他判断她们之中有几个天使。可是他实在不知道哪个是天使，哪个是魔鬼。在他的心目中，天使常常说真话，而魔鬼则只会说假话。

A说：“在B和C之间，至少有一个是天使。”

B说：“在C和A之间，至少有一个是魔鬼。”

C说：“我告诉你正确的消息吧。”

那么，你能从她们的话中，判断有几个天使吗？

第三章
学生想象力的锻炼指导

什么叫想象力

想象力是人在已有形象的基础上，在头脑中创造出新形象的能力。比如当你说起汽车，我马上就想像出各种各样的汽车形象来就是这个道理。因此，想象一般是在掌握一定的知识面的基础上完成的。

想象力是在你头脑中创造一个念头或思想画面的能力。在创造性想象中，你运用你的想象力去创造你希望去实现的一件事物的清晰形象，接着，你继续不断地把注意力集中在这个思想或画面上，给予它以肯定性的能量，直到最后它成为客观的现实。

想象力的伟大是我们人类比其他物种优秀的根本原因。因为有想象力，我们才能创造发明，发现新的事物定理。如果没有想象力我们人类将不会有任何发展与进步。爱因斯坦之所能发现相对论，就是因为他能经常保持童真的想象力。牛顿能从苹果落地，而想象到万有引力这一个科学的重大发现都是因为有了想象力。

根据现代科学推论人类最早的想象力原于火，我们的祖先曾经过着和动物一样过着茹毛饮血的生活，食物都是生吃。一次闪电产生森林大火烧死了很多动物，我们的祖先跑了出来，也有部分烧死在森林里面。因为肚子实在太饿，他们只有拿那些烧熟的已死亡的动物来吃。这一吃他们发现竟然很好吃，煮熟的食物能让人体更好的吸收营养。另一方面动物体内的寄生虫也因为火的作用而杀死从而减少人类疾病的发生。

食物的吸收产生大脑含量的增加。我们的祖先看着跳动的火苗就开始七想八想的，想怎么样把火保持下来。想怎么样利用火取暖。想怎么利用火去干一切对自己有利的事情。这样，渐渐就通过想象力创造了文字、语言、科技，发明一些新的事物。如火烧的过食物使人类体能增加，其他动物都是很怕火的，我们的祖先就利用火战胜了这些动物。能力的增加又使他们开始对未知事物感兴趣，于是就开始了探索之路。

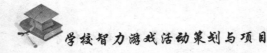

所以我们全人类都应该感谢：火。

因为火我们人类的祖先才能走到今天的这样的面貌。没有火也就没有我们人类今天的面貌，是火使我们人类成为地球上高等智能生物。海洋里面有没有比我们更聪明和更厉害的生物，暂时还不知道，只有能等待着你我去探索发现和研究才能解开这些未解之谜。

想象力的形式

在谈想象力的培养前，我们首先来看想象力的几种形式。

空间想象力

空间想象力主要是指在头脑中要能浮现出真实物体的形状或形象。前面说的建筑师由于要考虑房子的三维形状，发达的空间想象力肯定是必不可少的。类似的，机械工程师同样要考虑各种零配件的形状，以及这些零配件组合状况，甚至还要考虑一套机械系统运动起来的状况，这些都要在头脑中进行，这当然也是空间想象力。

搜索联想

在头脑中进行搜索联想，考虑采用什么。比如爱迪生在发明电灯时，不断在头脑中考虑采用什么材料做灯丝。而一个流落荒岛的人，手边没有刀，但他需要一个切割东西的利器，他在头脑中进行了一番搜索联想，最后采用了一块石头将其打碎后，然后挑取其中一块比较锐利的薄碎片，这样他就有了切割工具。司马光救人时，在头脑中迅速地联想，然后想到了采用一块石头来砸碎缸。一群人到野外游玩时，要喝饮料却发现没有吸管，这时候其中一个人在麦田中折了一根麦管，这样变通的想法也很有想象力。

还有这样一个例子：一个年轻人在工程队中从事道路施工的工作，当工程队挖坑修路时需要一个红灯泡来提醒路人。但是不巧，正在修路时却发现红灯泡没了，只有普通的灯泡。在别人不知该怎么办时，这个年轻人想出了一个主意，他找了一块红布将灯泡裹上，这样就起到了红灯泡的作用。这个年轻人显然很有想象力，他最后发展得很不错，受到了提拔重用，从一个普通的员工变成一个独当一面的领导者。

自动组合

在头脑中将采用的各要素进行组合。比如，时装设计师会在头脑中考虑采用什么样的面料，什么样的颜色，什么样的款式，然后将这些面料颜色款式等要素不断在头脑中进行组合变化，最后在头脑中形成一套搭配合理，令人赏心悦目的一套服装。

音乐家在作曲时，会在头脑中反复想象，以将不同的音符组合成一段美妙的旋律。然后又能将若干段旋律组合成一只好听的曲子。在考虑演奏这首曲子时，还要在头脑中反复实验来确定有什么样的乐器来演奏，哪一段旋律应该由什么样的乐器组合再演奏。这样的组合实验是在头脑中反复进行的，如果没有较为发达的想象力，是不足以胜任的。

对于舞蹈设计者而言，他们所要考虑的组合是手臂的姿态、腿脚的姿态、躯干及头的姿态之间的组合，这些不同的组合组成了千变万化的舞蹈动作。而如果是集体的舞蹈，则舞蹈演员在舞台上的形成的不同位置组合又会形成不同的舞蹈场面。显然，舞蹈的创作是需要舞蹈设计者在头脑中反复编排的。

而足球教练员会在头脑中考虑该如何从数十名乃至于上百名球员中挑选出一个11人组合方案，来进行比赛，而这11人在场上又可以形成不同的位置组合阵容。这种组合方案是有非常多的选择的，如何确定最适合比赛的阵容，需要在头脑中不断模拟、反复进行。

富有想象力的厨师，会将别人意想不到的配料搭配组合在一起，并且在各种配料的先后烹饪顺序（即火候）上也有独特的创新。而平庸的厨师则是仅仅按照既有的菜谱，循规蹈矩地重复着以往的程序。

孙膑的“田忌赛马”也是如此。本方有三种马，对方也有三种马，如果进行较量会有很多种组合次序，但孙膑在头脑中进行一番组合，排出了“优对良，良对劣，劣对优”的组合次序，这样的方式显然比一次赢一次。

前面家庭主妇做家务的例子也是如此。她如果考虑好了做家务的时间次序组合，则省时省力；如果没有排好次序组合，则效率大大降低。

看过了家庭主妇的例子，再来看看雄才大略的朱元璋。在平定南方后准备北伐之际，朱元璋与手下讨论如何进行北伐。常遇春说：直接集中兵力去攻打元都。朱元璋却说不可，他认为：元朝百年都城，防御必严，工事必坚，假定大军孤军深入，元军断我粮道，攻城非一日可克，元朝四方援军可至，进退无据，大势去矣。故宜先取山东，撤掉大都屏风；回师下河南，断其羽翼；进据潼关，占其门户。待彻底扫清其外围据点，确保粮道畅通，再进围大都，自然水到渠成，手到擒拿。由上可以看出朱元璋过人的想象力。如何北伐有很多种进攻路线和很多种进攻策略，但朱元璋发达的想象力却使其能够在头脑中将这些进攻路线一一模拟出来，摒弃掉不利于己方的进攻次序，然后审时度势地选择出最好的进攻次序，从而保证了北伐的顺利进行。

综合考虑

在做事前，应对可能发生的事情有所预料，并采取相关对策。比如两个棋手下棋，水平高的就要考虑自己走一手棋后，对方该怎么走。如果对方走马怎么办，如果对方走车怎么办，如果对方出杀招该怎么办。如果对于对方的种种走法不加考虑的话，那是无法提高自身的棋力的。国际象棋、围棋也是如此。国际象棋冠军卡思帕罗夫能够同每秒运行数万亿次的“深蓝”一较高下；职业围棋选手李昌镐、常昊这样的高手不仅能够在走每步时考虑种种情况，甚至能把这种考虑延伸到百步开外，他们发达的想象力着实令人叹为观止。

另外，一个打入敌方的特工人员，更要考虑种种情况。他要考虑当敌人盘问自己时该怎么回答；当敌人故意考验自己时该怎么办；当与敌人在一起时却遇到不明真相的自己人该怎么办等等。只有反复在头脑里想象过这些情况，特工人员才可能保护好自己并且完成好任务。

一个工程师设计电梯时，工程师也要考虑种种情况。比如当电梯停在8楼时，15楼有人按钮之后，9楼又有人按钮，这种情况该怎么处理；当上升的电梯正要运行到9楼时，7楼和13楼的人同时按钮怎么办；当同一楼层有人连续按动了好几次的按钮该怎么办等等。电梯并非是高科技产品，但我们仍可看到电梯的设计具有相当的复杂性。

再比如古代一个带兵打仗的将领，当他安营扎寨时，必须考虑各种情况的发生，如敌人派奸细混入怎么办；如敌人夜袭怎么办；如敌人火攻怎么办；如敌人骚扰怎么办等等。这些情况都应在头脑中进行模拟，然后制定出一个较为完善的驻扎方案。如果毫不考虑，一旦有情况发生，则会手忙脚乱、自乱阵脚。

而在现代战争中，情况更为复杂，无论攻防都需要考虑更多的因素。朱可夫在指挥气势恢弘的斯大林格列保卫战时，他要在头脑中反复地演练攻防的场景，反复地考虑敌方会采取什么样的行动，以确定自己的兵力该如何配置，防御该如何展开。而敌方将领也在绞尽脑汁地考虑如何能进攻得手。双方的较量从某种程度上来说，就是各自统帅的想象力的较量。最后，朱可夫更胜一筹，不但成功地挫败了德军的进攻，而且还指挥苏军成功地转入了反攻。

头脑演示

小说家、科幻作家、编剧、导演的想象力主要是这一类型的。他们要在头脑中考虑人物的音容笑貌，想象故事的发生发展，这是一种比较标准的“在头脑中模拟事情发生发展“的想象力形式。

我们注意到，许多事情所需要的想象力实际上并不是单一的形式，而是表现出很多形式。比如上面足球教练，他既要能在头脑中演练战术组合，也要考虑比赛过程中出现的种种情况。而作家不仅要能在头脑中展开故事情节，其还需要在动手写作时进行词语的排列组合以形成顺畅的语句，还要反复在头脑中模拟整个小说的结构该如何搭配。其他如电影导演、总工程师、战役的统帅等等都是如此。

以上所谈及的各种想象力的形式并不能涵盖所有的想象力，但不管是怎样形式的想象力，它们都有一个共同的特征，那就是在头脑中模拟事物的形象，模拟事情运行，以及在头脑中反复做实验。

想象的规律

想象的功能

第一，预见功能。想象具有预见功能。心理学的研究表明，人从事任何活动（包括学习活动）之前，都必须首先在头脑中确立定向目标，即能够想象出活动过程及其结果，一旦活动过程结束，将是头脑中预定观念的实现，于是人的活动就有了主动性、预见性和计划性，这有助于活动的顺利完成。科学家的发明、工程师的设计、作家的人物塑造、艺术家的艺术造型等活动都离不开人的想象，都是想象预见性的体现。学生的学习也是一样，一个想象力贫乏的学生，他考虑问题的思路必然狭窄，也不可能有很高的分析问题和解决问题的能力，其智力发展也是不充分的。

第二，补充功能。想象具有补充功能。在现实生活中，有许多事物是人们不可能直接感知到的。如由于时间、空间的限制，原始人生活的情景、千百万年前发生的地壳变动和历史变迁、远方的风云变幻、各种宏观世界与微观世界的结构与运动状况等，我们要直接感知是很困难的，有的甚至是不可能的。在这种情况下，我们可以借助想象弥补人类认识活动的时空局限和不足，超越个体狭隘的经验范围，扩大人的视野，对客观世界产生更充分、更全面、更深刻认识。

第三，替代功能。想象具有代替功能。在现实生活中，当人们的某种需要不能实际得到满足时，可以利用想象从心理上得到一定的补偿和满足。例如，儿童想当一名飞行员，但由于他的能力所限而不能实现，于是就在游戏中，手拿一架玩具飞机在空中舞起来，满足了自己当飞行员的愿望。在哑剧的表演中，许多布景和实物是通过演员形象化的动作来唤起观众的想象而获得良好效果的。在日常生活中，人们也常常从想象中得到某种寄托和满足。为此，生活因梦想而升华，因梦想而完美。

再造想象产生的条件

再造想象的产生应具有以下三个条件。

第一，必须具有丰富的表象储备。表象是想象的基本材料。一个人的知识经验越丰富，表象储备越多，再造想象的内容也就越丰富。再造想象不仅依赖于已有表象的数量，而且也依赖于已有表象的质量，正确反映客观现实的材料越丰富，再造出来的想象内容就越正确。如果缺乏必要的表象材料，在想象时就有可能歪曲事物形象，或者无法产生所要求的形象。

第二，为再造想象提供的词语及实物标志要准确、鲜明、生动。

准确、鲜明、生动、形象的语言及实物标志便于人们理解并正确地再造想象，而含糊不清、模棱两可的东西，人们就很难正确、逼真地进行想象。例如，古代描写女子用“樱桃口”“杏核眼”“柳叶眉”等作比喻来描述，显得十分形象、逼真，想象起来也比较容易。一个建筑设计师设计的建筑图纸使用的有关符号、标志必须准确清楚，才能在建筑工人头脑中形成相应的建筑物的形象，否则别人看不懂或出现曲解。

第三，正确理解词语与实物标志的意义。再造想象是依赖语言的描述和图样的示意而进行的。一个人读小说，如果读不懂文字，他头脑中就不可能有小说中主人公的形象出现；一个建筑工人，如果不懂建筑符号的表现法，他也无法看懂建筑图，头脑中也不会出现相应的建筑物的形象；一个刚入学的儿童，在他识字和掌握词汇不多的情况下，让其阅读古诗文，是很难形成丰富的再造想象的。可见，正确理解有关事物的描述，了解图样、图解的表现法和各种符号的含义是形成再造想象的重要条件。

创造想象产生的条件

第一，创造动机。人在社会生活、社会实践中，社会不断地向人们提出创造新事物，解决新问题的要求。当这种要求一旦被人接受，就会在人脑中变成创造性活动的需要和愿望。如果这种创造的需要和愿望与活动结合，并有实现的可能，就会转化为创造性活动的动机，人们就获得了创造想象的动力，也就会进行创造想象。

第二，丰富的表象储备。进行创造想象，首先要对有关事物进行细致观察，储备丰富的表象材料。因为，想象决定于已有表象材料的数量和质量。表象材料越丰富，质量越高，人的想象也就会越广、越深，其形象也会越逼真；表象材料越贫乏，其想象越狭窄、肤浅，有时甚至完全失真。鲁迅曾说过："如要创作，第一须观察，第二是要看别人的作品……必须博采众家，取其所长，这才后来能够独立。"托尔斯泰在《战争与和平》一书中创造的娜塔莎的形象是基于观察和分析他熟悉的两个人的性格和特点塑造成的，这两个人分别是他的妻子和妹妹。

第三，积累必要的知识经验。要进行创造想象，还必须对有关领域进行深入研究，掌握必要的知识。每一个发明创造都是发明者对相应领域深入研究的结果。例如，牛顿对物理学的研究，发现了三定律；达尔文对生物学的研究，写出了《物种起源》；李时珍对医药学的研究，写出了著名的医药书《本草纲目》。可见，只有就某一领域深入研究，掌握必要的知识，才能在相应的领域展开想象的翅膀，进行创造想象。

第四，原型启发。所谓原型，就是起启发作用的事物。任何一个人对某一项目的发明创造或革新，都不是凭空想象出来的，在开始时总要受到某种类似的事物或模型的启发。例如，鲁班从丝茅草割破手得到启发，发明了锯子；阿基米德原理是阿基米德在洗澡时看见水溢出盆外得到启发而发现的；瓦特发明蒸汽机是受到蒸气冲开壶盖的启发；现代仿生学则是在生物的某些结构和机能的启发下，进行科学想象，研制出许多精巧的仪器。原型之所以有启发作用，是因为事物本身的特点与所创造的事物之间有相似之处，存在某些共同点，可以成为创造新事物的起点。某一事物能否起到原型启发的作用，还取决于创造者的心理状态，特别是创造者当时的思维状态。当人的思维积极而又不过于紧张时，往往能激发人的灵感，从而导致人的创造活动。

第五，积极的思维活动。创造想象不是一般的想象，而是一种严格的构思过程，必须在思维的调节支配下进行。积极的思维活动就是在创造想象过程中，要把以表象为基础的形象思维与以概念、判断、推理为手段的逻辑思维结合起来。一方面，有理性、意识的支配调节；另一方面，积极捕捉生活经历中各种有利于主体目标形象产生的表象，并迅速地把它们组合配置，完成新形象的创造思维活动。

第六，灵感的作用。在创造想象的过程中，新形象的产生往往带有突然性，这种突然出现新形象的状态，称为灵感。例如，我们有的时候写文章，虽然经过长期构思酝酿，但久久不能落笔，突然某一天灵感来了，思路有了，文章一气呵成。灵感出现时的特征：注意力高度集中于创造的对象上，意识活动十分清晰、敏锐，思维活跃。“思如泉涌”指众多新事物、新形象、新观念不知不觉涌入脑中，它们相互结合、聚集或强调、突出，很多旧有的记忆被唤起，新形象似乎由天而降，使人突然茅塞顿开。灵感并不是什么神秘物，它是想象者个人在长期生活实践中勤于积累经验的结果。由于注意力高度集中于要解决的问题，过去积累的大量表象被唤起，并且迅速结合，构成了新的形象。正如大发明家爱迪生所说：天才，就是百分之一的灵感加百分之九十九的汗水。柴可夫斯基说得好，灵感是这样一位客人，他不喜欢拜访懒惰者。

此外，创造思维能力、高水平的表象改造能力、丰富的情绪生活、正确的理想和世界观也是创造想象的条件。

想象力的好处

无论在生活中还是在工作中，想象力都有着广泛的应用。我们应该对这种能力进行有意识的培养，那么想象力究竟有那些好处呢？

在很多方面，想象力是必不可少的

在我们的生活中以及工作中，很多事情都有现成的答案，我们只需要记住该怎么办就可以处理好事情了。比如，我们买回一台新式样的彩电，虽然彩电的功能很多，但是我们只要翻阅一下使用手册，记住相关操作，我们就可以自如地操纵电视机来观看节目了；一个商店售货员，虽然商店中的商品很多，但是只要她记熟各种商品的价格之后，就可以完成售货工作；汽车装配流水线上的工人只需要记住几项操作，然后非常熟练地完成即可；而一名擅长题海战术的学生，其通过大量地做题熟悉了相当多的题目做法，当其在考试中面对很熟悉的题目时，只需将记住的做法写上去就可以了。显然，以上所说的事情，有了记忆力，记住该怎么做就行了。

很多人也总是想方设法地提高自己的记忆力，希望在面对任何问题时都能够用记住的东西照办。记忆力当然很重要，而且我们确实要记住很多东西来完成生活和工作中的任务。

然而，还有相当多的事情，并不是像上面那样都有现成答案的。若想完成任务，需要具备想象力，要能够在头脑中反复地做实验，然后筹划出方案。比如上面说的建筑设计师，其必须在头脑中进行反复地想象，考虑外形该怎么设计，该采用什么样的内部结构，什么样的外形与结构搭配才是合理的。

只有经过这种在头脑中不断的试验磨合才能形成一个好的方案，如果他仅是照抄别人设计的建筑物，那他也不能被称为建筑设计师了。

同样，一个服装设计师，如果不能在头脑中运用想象力进行各种面料、色彩、款式的组合搭配，不能设计出新款服饰，那他也只能被称为服装裁剪师。音乐家当然也要能在头脑中进行各种音符的组合，旋律的搭配，经过反复实验后，才能创作出曲子来。

一个钟表设计师进行钟表机械设计时，如果他不具备发达的想象力，不能在头脑中进行机械结构的三维立体想象，那他根本不能设计钟表。

一名战役指挥者，也要能根据不同的对手、不同的环境、不同的气候条件来在头脑中进行反复的战术攻防演练，从而设计出一套作战方案。

所以，对于设计、策划、创作以及制定计划等这类较为复杂的工作，想象力是必不可少的，仅靠记忆力是根本不能完成任务的。

较为发达的想象力能够使人制定出较为完善的方案

仍以建筑设计师为例，如果他没什么想象力，或想象力不够发达，不能够在头脑中不断地进行反复想象，则他的设计方案很可能不够完善。比如仅对建筑的外观进行了一番考虑，却没有对内部结构进行有针对性的设计。当这样草率的方案付诸实施后，在施工到一半时，忽然发现建筑物内部结构强度不够，则必须推倒重建，这样就耽误了工期，滞后了进度，并且造成了很大的经济损失。而建筑师很可能也会为此丢掉工作。而如果他具有非常发达的想象力，能够在制定方案前，通过不断地在头脑中模拟房屋的建筑，则会最大限度地避免此类情况的发生。

对于一名营销人员来说也是如此。如果其在约见客户之前不在头脑中模拟见面时的场景，也不想象会出现什么情况，什么也没考虑，则面对对方抛出的问题，仓促之间很难给出一个令客户满意的答复，那么这次会面十有八九会失败。

而家庭主妇在做家务前，没在头脑中进行一下计划，没有安排好做事的顺序，比如她决定先扫地，再擦拭家具，然后再洗衣服。可以想象，如果先扫完地再擦家具，而擦家具会落下灰尘及纸屑，这样刚扫过的地又会被弄脏，还得重扫一遍。而把洗衣服安排在最后做，这会使得洗衣机自动缥洗衣物时，家庭主妇无事可干。这样的安排次序既费力（多扫了一遍地）又浪费时间，这种低效率的做法显然不是一种好的选择。

由此可见，如果具有了相当的想象力，则会在做事前通过在头脑中的反复实验，从而选定一个比较完善的方案，这显然会使做事效率高且易成功。

想象力不需要什么成本

由于想象力是在头脑中做实验，所以运行快，而且不需要什么成本。

比如孙膑的田忌赛马，孙膑想出调换己方上中下三等马的出场次序从而赢得了比赛，这个方案非常巧妙。而孙膑并没有真正让实际的马做实验，他仅是在头脑中演练了若干种次序，显然这样节省时间，也不需要什么消耗。而如果真的让各种马匹按照不同的出场次序进行实际的演练，那就得需要非常大的排场，而且也需要耗费相当长的时间。

再比如我们搬入新居进行家具摆放时，如果我们毫无想象力，一遍一遍地摆放各个家具到不同位置，然后观看摆放是否合理，显然这样极为麻烦，又费时又费力。而如果我们在摆放家具前，先在头脑中想象一下家具的摆放位置，当想出较为合理的布局后，再进行实际的搬动，显然这样就方便多了。

发达的想象力还可以使人反应迅速

最典型的例子是司马光砸缸和曹冲称象。这两个例子中，两个小孩反应都非常迅速，在较短的时间内就想出了很好的解决办法。司马光快速的反应救了小孩一命；而曹冲快速的反应，则使得问题在现场就得到了很好的解决。另外，曹冲想到的称象的办法是一个相当有想象力的创意。这么短时间内能够想出这么好的方案，如果他生在现代，不受四书五经的束缚，肯定大有一番作为。

另外，许多人反应很快，一方面是由于他们确实能在短时间内进行快速地想象，快速地在头脑中做实验；另一方面的原因则是，他们早已预见到了问题的发生，而且早已在头脑中想好了对策，所以当问题发生时，只需按照事先想出来的方案照办就是。比如一名优秀的辩手，其在实战中表现出的机敏、快速以及妙语连珠，实际上相当程度上来自于平时在头脑中进行的反复演练。

影响想象力的因素

想象力作为人的一种思维能力，其与多方面的因素相关联。

热情可以极大地促进想象力的发展，而情绪不高则会使想象力的发展受到抑制。爱迪生一生都在发明创造，正是其充沛的热情使其即使到了老年仍然创意十足，他的许多世界级发明不仅影响了人类历史的进程，而且也给民众的生活带来了极大的便利。而应试教育下的中国学生，每天不得不日复一日地背书做题，烦闷压抑的生活极大地束缚了想象力的发展，这使得许多学了十多年的学生想象力贫乏，以致于在从事设计、策划及制定方案等技术含量非常高的工作时显得勉为其难。

想象力也要与逻辑思维结合起来，如果想出来的方案虽然很奇异但却不符合事实不符合逻辑，这样的方案就是没用的方案。

另外，想象力是以自身的知识和经验为基础的，如果一个人在某个领域毫无专业知识和经验的话，那么他在这个领域中也谈不上什么想象力。就好像一个象棋高手，虽在棋盘上来去纵横，但如果他毫无军事知识，也无任何作战经验，那么他不可能设计出一个完善的作战方案。前面说的朱元璋，其之所以能够在整个中国的版图上展示其想象力，这与他丰富的战斗经验是分不开的，他曾在决定性的鄱阳湖大战中亲自指挥战斗，在这场决定性的战役中，朱元璋击败了陈友谅，从而平定了南方，为北伐奠定了稳固的后方基础。如果他没有丰富的战斗经验，他是不会制定出既雄心勃勃又缜密踏实的作战方略来的。周星驰的喜剧表演天马行空，极具创意，但其中的许多笑料也是其直接从模仿其他电影，模仿别人的可笑行为以及观察市井生活中得来的。如果他没有深厚的笑料积累，他是无法创造出那些极具想象力的表演的。至于爱因斯坦经常在头脑中做的相对论实验，更是需要高深的物理知识作为基础。

培养想象力的重要性

站在一个功能化的立场来看，我们的智能可能被过于简单地描述为以下方面：

（1）吸收功能——观察和施加注意力的能力。

（2）记忆功能——能够记住和回忆的能力。

（3）推理功能——能够分析和判断的能力。

（4）创造功能——能够形象化、预见和产生点子的能力。

如今的“电脑”在某种程度上可以执行上面的头三项功能，但是，尽管如此，似乎可以确定的是：永远也没有机器可以想出点子来。尽管阿尔贝特·爱因斯坦的声明“想象力比知识更重要”也许会遭受质疑，但几乎显而易见的是，当知识被创造性地应用时，它会更强大有力。

创造性想象的潜在能力几乎是无限的。举例来说，法国“科幻小说之父”儒勒·凡尔纳几乎一直呆在他宁静的住所里，不过他发现，自己的想象力能够将他带到海角天涯，去到水下 1 万公里的地方，甚至遨游到月球。那些对其想法嗤之以鼻的人，儒勒·凡尔纳所做出的反驳是：“不论一个人的想象力有多厉害，其他人也一样可以做到。”

70 年前凡尔纳想象出的潜水艇，在如今，成了真实的事物。除了一点不同——现在的潜水艇靠原子能供应动力。

长久以来，最伟大的思想家们都认同，事实上，人类头脑的原始能力是想象力。他们赞成莎士比亚的结论，这种上天所赋予的潜能使得人类“从动物中脱颖而出”。

社会文明本身就是创造性思维的产物。至于想法在人类发展进步中意味着什么，英国作家约翰·梅斯菲尔德写道：人的身体有缺陷，其心不可知，但其想象力使之出人头地。数百年来，人的想象力使得在这个行星上的生活成为对所有更加有趣的能力的一场激烈的实践。

一位耶鲁大学的教授评价说，感谢由人所创造的机器，如今他能够雇用到的一个平常人的工作能力相当于120个奴隶的劳动力。

查尔斯·克德林确信，这种进步能够继续下去。他说：“每一次你撕下日历上的一页，你就为新点子和发展进步腾出了一个新的空间。”

想象是智慧的翅膀；是思维的特殊形式；是创造的前提。想象可以使人“思接千载，视通万里”，就是说想象可以打破时空的界限，使人的心理更为丰富充实。如果没有想象，人们的活动就无法进行创造和提高，也不可能事先在头脑中构成关于活动本身及其结果的各种表象。人们对未来的预见，一切科学上的新发现，新发明，新的艺术作品的创作，各种科学知识的学习等等，离开想象力都无从谈起。

想象力在人们认识世界和改造世界的活动中起着十分重要的作用。人们在改造世界的劳动中，不断地遇到新问题，不断地有新的发现，不断地有新需求，正是因为人们有了许多奇特的想象，再加上“敢想敢干”的大无畏精神，所以，新生事物层出不穷，从而推动着人类文明的进步和发展。

人类看到鸟儿在蓝天里飞翔，从此，向往蓝天，梦想腾飞。无论是诗仙李白的千古绝唱“安得生羽毛，矫翼思凌空”，还是明朝万户飞天的壮举，都体现出人类由古到今做着同样美丽的飞天梦。

上世纪初，随着美国赖特兄弟的飞机升空，由此看到了飞天技术的广阔前程。经过百年来不懈的努力，人类对航空、航天领域的探索取得了辉煌的成就，从苏联的加加林首次飞向太空，到中国的杨利伟、费俊龙、聂海胜神五、神六号载人飞船飞向太空，人类航空航天事业飞速发展，谱写了一曲曲征服宇宙的壮丽颂歌！实现了人类的飞天梦想！

建国初期，人们对于“电灯电话，楼上楼下，点灯不用油，耕地不用牛……”只能是一种美好的幻想，才短短的40多年，我国城乡建设飞速发展，高楼大厦比比皆是，现代化的移动通讯联通全球，拖拉机、收割机等大型农业机械代替了昔日落后的生产方式，当年的梦想变成了活生生的现实。

可见，想象力在人的思维中用处极大，它无处不在，无奇不有。特别是在文学领域，许多事物，包括某些人物形象都是想象的结果。如儿童卡通故事，恐龙、怪兽、超人、奥特曼、外星人……都是作者虚构的超出人类思想的怪异形象。但是，它在孩子们的眼力却是力大无比，无所不能，无往不胜的英雄。这在现在看来只是一种美好的想象，也许不远的将来，人类会在这种想象的启发引导下，真的与外星人取得联系，将会跨星球去旅行！

想象力推动历史进程的实例枚不胜举。大量的事实证明：想象力可以激起人们对美的遐想，可以给人带来美的享受，它是理想的化身，它是未来的蓝图，只要“敢想敢干”，就能心想事成。没有想象，便没有文学艺术；便没有创造发明；便没有科学预见；便没有社会的进步。

想象力如此之重要，它是思维的翅膀，是创造的起点，是创造的核心。它是每个人都应该具备的一种最基本的思维能力。

怎样培养想象力

那么，如何培养想象力呢？想象力极其重要，但幸运的是培养想象力却不需要昂贵的设施以及开阔的场地。如果愿意，我们随时随地都可以培养。

当下棋时，在落子之前尽可能在头脑中多考虑几步，尽量多地考虑一些变化，要设想自己是对方的话会怎么下，如果对方这么下了话，我又该如何对付，如此这般多想几个来回。同样，进行对抗性游戏比如乒乓球时，也要在头脑中模拟双方你来我往的场景，反复地在头脑中进行战术演练。发达的想象力可以使自己的棋力或竞技水平大幅提高，胜率自然也会大为增加，这反过来又会鼓励自己更愿意发展想象力，从而形成了良性循环。

和友人出去游玩时，可事先在头脑中制定一个出游计划，安排好出游路线，针对旅游中可能出现的各种问题，做好准备，想出好的对策。

当踢足球或打篮球时，要从教练的角度进行考虑，要能在头脑中浮现出比赛的场景，并且在头脑中模拟进行球员调度、战术演练。

还有，多尝试一下做智力题，比如下面三道智力题：

（1）烧一根不均匀的绳子，从头烧到尾总共需要 1 个小时，问如何用烧绳子的方法来确定半小时的时间呢？

（2）现在小明一家过一座桥，过桥时候是黑夜，所以必须有灯。现在小明过桥要 1 秒，小明的弟弟要 3 秒，小明的爸爸要 6 秒，小明的妈妈要 8 秒，小明的爷爷要 12 秒。每次此桥最多可过两人，而过桥的速度以过桥最慢者而定，而且灯在点燃后 30 秒就会熄灭。问小明一家如何过桥？

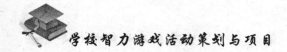

（3）有 12 个乒乓球特征相同，其中只有一个重量异常，现在要求用一部没有砝码的天平称三次，将那个重量异常的球找出来。

这三道智力题都是典型的考察想象力的问题，都要求在头脑中模拟事情发生，反复地在头脑中做实验，不断试验各种组合。对于前两道题，很多人都能做到仅在头脑中就能运行各种组合，而不必借助纸笔就能得出答案。而第三道题，看似简单，实际上有太多的称量组合方式，比如，第一次两边各放多少个，第二次两边各放多少个，第三次又该放多少个，每次该称量哪些球，哪些球称过了还要再称。显然，称量方式的组合数目大得惊人，由于组合数目过大，使得一般人的头脑运行空间严重不足，还要借助于纸笔来拓展运行空间。

当然，在工作中可以有更多想象力施展的机会，设计一个极有创意的产品，策划出一个效果非常好的营销方案。这样既提高自己的想象力，又能得到薪水的上涨和职位的提升。如果想象力非常发达，当发现公司的内部机构组成不够合理时，还可以在头脑中对整个公司的结构进行机构重组，从而设计出一个更为合理的组织结构。当想象力达到这种程度，已经可以自己干一番事业了。

培养想象力应该注意的问题

了解了影响想象力的其他因素，我们来看这样一个现象：很多人在某个领域极具想象力，而在其他领域内却显得很一般甚至很笨拙。

比较典型的例子是家庭主妇。她们在布置家庭时显得极有灵气，极有创意，许多不起眼的东西经过她们的手便能化腐朽为神奇，成为装点家庭的很好饰物，她们的想象力在家庭的方寸空间内显现得淋漓尽致，这使得小家庭因为她们的想象力而变得温馨十足。还有她们织毛衣时，所采用的针法、毛线以及色彩图案搭配，甚至在开始织毛衣前所做的整体规划，其所表现的想象力都达到了很高的程度。然而，大部分家庭主妇对于自己的工作则没什么想象力，她们刻板地按照即定规程从事着日复一日的工作，在工作后则赶快返回家，不愿在工作岗位上多待一分钟。

我们也经常听说过许多科学家的例子，他们在自己的领域内才气纵横，新鲜大胆有创意的想法层出不穷，而他们在生活方面则显得很差，不会对家居布置有任何想法。对于服饰搭配也毫无想象力，反正老婆让穿什么就穿什么。

另外，许多小说家在小说的创作上也非常有想象力，故事情节的引人入胜，语言的新鲜别致，整体结构的别出心裁，这都体现了他们非凡的想象力。然而他们中的很多人面对一道需要想象力的智力题时，却常常会手足无措。

一个机械工程师在机械设计上具有非凡的想象力，但他在语言表达上却可能词不达意，更别提形象生动了。

在应试教育下，确实有许多学生在求解偏题、怪题时体现出很强的想象力。但他们却在生活中往往表现得很木讷，经常被说成“书呆子”。

我国民众历来有打麻将的习惯，许多人在打牌时会很灵活地选择和牌组合，甚至还能猜出上下家要和哪张牌，这种想象力也并不差。但是他们中的大多数人一到工作时则毫无创意，普遍想法是能够把工作应付下来就足够了。

那么为什么会出现这种现象呢？原因有如下四点：

兴趣的因素

比如女人更关注于家庭，而男人对于工作则考虑的更多。另外很多人只对自己擅长的领域感兴趣，而对其他领域则兴致不高。而想象力必须要有较强的热情才能得到良好的发展，如果对某事没什么兴趣，则很显然想象力不会得到什么良好的发展。

逻辑思维的欠缺

前面已说过了逻辑思维会对一个人的想象力进行规范，这会使得他构想的方案更加合理。而反之，如果构想出的方案不合情理，在执行中得到失败的结果，这会抑制一个人的创造热情。

学习能力的欠缺

生活中有很多心灵手巧的人，但他们的想象力却不能在更高的层次以及更广阔的范围内进行，这是由于学习能力不强所致。学习能力不强使得他们不能获得精深的专业知识，从而他们的想象力所表现出来的也仅是小发明小创造。

没有意识到在各个领域内想象力其实是相通的

也就是说，不同领域虽然需要不同类型的专业知识，但是对于“在头脑中反复做实验”这样一种思维能力的需要却是共同的。如果没有意识到这一点，这会使得人们不大可能将在自身擅长的领域内所具有的想象力有效地迁移到另外一个领域内。显然，只在某个领域内具有较强的想象力，而在其他领域内想象力贫乏，这会极大地束缚一个人的发展。

从前三点，我们可以意识到想象力是与兴趣热情、逻辑思维及学习能力是密切相关的。如果我们想使自身的想象力得到良好的培养，我们要保持自己的情绪处于积极的状态，并且非常重视逻辑思维及学习能力的培养。

对于第四点，我们则会意识到，我们应尽量拓宽我们的知识面，这里说的知识面不仅是指专业知识的知识面，同时还包括生活经验方面的知识，人际交往方面的知识等等。知识面开阔些则会使人们的想象力形式更为丰富，也会使自身在某个领域内的发达想象力很方便地应用到另外一个领域内。这无疑会成为对一个人的发展极为有利的因素。

想象力发达就意味着头脑的运行空间被大大地拓展，这样我们的头脑就可以完成复杂艰巨的任务；想象力的发达同时也意味着头脑的反应速度明显加快，这样我们会在较为紧急的时刻作出决断。

我们大多数普通人，不具有刘德华的帅气；没有席琳·狄翁的嗓子；没有超级名模的身材；也没有显赫的家世背景。但是，我们每个人的肩膀上却都顶着一架宇宙中最复杂精巧的器官——头脑。对于我们的头脑，其发展是无限的，如果我们努力培养我们的头脑，使其所具有的想象力不断得到发展，显然我们就可以变得更为智慧，从而在面对复杂艰巨的任务时更加胸有成竹，在面临紧迫的情况时更加从容镇定。能力的提高当然会使我们合理的愿望变得更为易于实现，从而使我们的生活变得更为美好，那么我们为什么不去培养这种“在头脑中做实验”的能力呢！

运用想象力的技巧

想象力的运用是需要脑力的耗费的，也就是说形成一个方案要进行大量的搜索、联想以及反复组合等等思维形式。这些耗费过大的话，会令头脑的运行空间发生“内存溢出”的现象，也就是说运行空间不够了，运行不过来了。因此，有必要在运用想象力时采用一些技巧，以使得我们的想象力更有效率。比如说，在进行搜索联想时为不致使搜索的范围过大，可以优先搜索与我们距离很近、就在手边或很方便采用的东西，这样就大大减少了搜索范围。比如司马光的故事，他即是采用了身边的一块石头解决了问题。

另外，前面说的“组合方式”，如果需要组合的要素太多，则最后的组合无疑是个非常巨大的数目。这会使头脑不堪重负，头脑的运行空间不足以运行这些变化。但如果我们注意到许多组合是无效的，那就不要考虑这些组合。我们只需要考虑有效的组合就可以了。比如，有这样一道智力题：

将下列拼音字母拼出一个属于首饰的两个字词语：

i a g i n l a x n

显然，这些字母如果进行任意组合，其组合数目是非常庞大的。我们的头脑在短时间内进行这样大量的组合是有一定困难的。但如果我们注意到其中的声母 x 及 l 仅能放在拼音的首部，那我们只要寻找拼音开头为 x 及 l 的拼音组合就可以了，而对于开头不为 x 及 l 的拼音组合我们可以不予考虑，显然以这两个字母开头的拼音组合数目就比总的组合数大大减少了，这样我们就会相对容易地就确定出“项链”两个字。

前面所谈的一种想象力形式是“考虑种种情况”，而如果要考虑的情况过多的话，这时应该将这些情况适当地分类或条理化一下。比如上面的电梯设计，对于停在8楼的电梯，工程师要考虑9楼有人按钮，10楼也有人按钮，12楼有人按钮；他还要考虑7楼有人按钮，5楼有人按钮。这时我们可以将这些情况归类为更高的楼层有人按钮，以及更低的楼层有人按钮。这样就简化了程序。

同样，在下象棋时，当考虑对手可能要走哪一步时，显然对方有太多的选择，所以自己需要考虑的情况实在太多。这时可以将所有情况归为几类：考虑对方有没有威胁到己方将帅的杀招；考虑对方有没有吃自己棋子的招法；考虑对方有没有改变局势的招法。在实战时，优先考虑第一种情况，然后再考虑第二种及第三种情况，这样就使问题得到了相当的简化，从而使得想象力更有效率。另外，当面临种种情况时，要优先考虑常见的情况，然后再考虑不太常见的情况。

还有，当遇到问题或需要完成实际任务时，如果以往有过类似的成功解决问题的经历，那么要首先考虑一下，将以往的方案适当变通一下，看看是否满足当前的情况。

如果问题特别复杂，头脑的空间已不足以运行，可以考虑用纸笔做记录，这样就可减少头脑的负担。

想象力的训练方法

想象力是整个学习能力的核心，想象力提高了，其它学习力也会跟着提高。反之，想象力下降了，其它能力也会跟着下降。

因此，想象力训练是提升学习能力、同时也是深入开发大脑潜能的关键！

想象力训练的方法很多，要达到最好的效果，需要把握三个原则：快速、清晰、敏锐。

快速：是指想象的速度要快，要尽可能地快，要挑战自己的速度极限。例如，1 分钟内记住 100 个无规律的数字；20 秒之内把圆周率 100 位快速背诵出来等等。

清晰：是指想象的图像要尽可能的清晰。曼陀罗卡的训练，对于这方面会有很大的帮助。额前的屏幕想象也是非常有效的一个方法。当然，这些方法对于青春期以前的学生会更容易一些。另外，艺术家（尤其是画家）往往具有非常清晰的想象能力。

敏锐：是指能够调动出丰富的感觉。例如，当你想象一个苹果的时候，不仅可以清晰地看到这个苹果，而且能够闻到苹果的清香，甚至能体会到酸甜的感觉，能体会到用手摸上去的光滑的感觉等等。

把想象力的快速、清晰、敏锐这三方面都训练到极致，大脑的潜能就会被激发出来，许多不可思议的能力就会陆续显现。有兴趣的朋友不妨多训练、多体会。

在有限的范围中，要讨论出一个根本地改善想象力的方法，时间实在不够充分。以下，尽可能地介绍几种既简单又能够提高想象力的方法：

（1）看看天花板的污渍或云朵的形状，然后在脑海中描绘出它的形象。不光只是做一次或两次，做了好几次后，就会出现效果。

（2）在公共汽车车厢，看见某杂志周刊的广告，或是看了某本书的题目，便想象其中的内容，然后，与实际的内容做比较，如此一来，就可以充分地把握自己的想象力。

（3）看书时，采用跳读方式；跳过的地方，运用想象力想象它的内容。

（4）看过电视转播的运动比赛以后，想象第二天报纸的标题，以及报道内容。

（5）以琐碎的小事和资料为基础，创造出一个故事。

（6）和人见面以前，事先预想会面对的状况，并且设想问题。

（7）对于尚未去过的地方，想象它周围的风景，建筑的样式，以及室内的陈设。

（8）边看推理小说，边推测犯人。

（9）从设计图、地图、照片，想象实际的情况、实际的地方和事物。

（10）重视联想。如果开始联想，中途绝不要打断，要一直想到极限。这种飞跃性的联想是个好办法。

（11）将自己沉浸在另一时空中。读一部好的历史小说或科幻小说，自己往往会在突然的一瞬间，脱离了现代，陷入一种生活在过去或未来世界的错觉，这时候，过去、未来是非常有变化的，鲜明的形象会浮现在脑中。这种感觉，可以称为“时间器的感觉”。自己如果生活在过去或者未来，会是怎么样的情况呢？思索着、思索着，过去或未来的形象便丰富地浮现在脑中了。从现在到未来，从过去到现在，从未来到现在，如此这般，自由自在地想象不同的时间，让自己的想象在另一时空里渡过。这都是时间器的感觉。

从时间器的观点来看，过去和未来是同样的一件事；只不过是目的地不一样而已，就像从北京出发，到广州，或者到海口，这一点不一样罢了，其他不都相同吗？将自己沉浸在过去或未来的时间中，体会一下时间器的感觉，会将时间向过去和未来两个方向延长。这样一来，便可以扩大管理者的生存时间，开发管理者的时间，也将使先见之明和对未来的时间感觉更加敏锐。想要使对时间器的感觉更为敏锐，还是必须发挥丰富的想象力。

爱因斯坦是一个形象——手中拿着一面镜子，乘着光飞进宇宙。这正是时间器的感觉。爱因斯坦从这个形象中获得启示，累积了无数的实验和理论计算，终于产生了相对性理论。想象力是必要的，不仅艺术家或文家家需要它，而且人人都得具备。回溯过去也是一样的情况，若是一味地死读史实以及书本的知识，不从这个范围中跨出一步，那么，永远也不会产生时间器的感觉。

让想象力自由发挥，让历史上的事件浮现在脑中，洞察历史上的每一位人物的言行举止，以及他们的心理——这是种必要的感觉。

想象力的实战练习

想象力训练总体上来说分为四大个部分。

第一类：直观心像的转化，将书面声音等信息，在脑海成像；

第二类：新成立图像转化 1，借助时空转换构成新图像或场景；

第三类：新成立图像转化 2，运用角色错位法构成图像或者场景；

第四类：新成立图像转化 3，时空和角色同时扭转构成图像或者场景。

其中第一类图像转化是生物的本能性能力，在此不做深入探讨。只说其他几种新图像或者想象力的转化的方式和方法：

图像再造性想象训练

再造性想象，在一定场景下和时间背景下，就像导演一样，导演一个事先不存在的事物或者没有发生的事情，再造性尽可能进行夸张、幽默性发生的事情创造，，调动已有知识和表象积累，对所供材料进行想象，从而创造出一种源于材料又不同于材料的意象。

比如《过故人庄》有人写道：诗人来到朋友的农庄，只见青的山，绿的树，清清的溪水，金灿灿的菊花，只见稻场上谷垛堆堆，园子里蔬菜郁郁葱葱。村民们吆喝着、笑着担着满筐满筐的谷子，孩子们捕蜻蜓、追蝴蝶，笑着闹着捉迷藏。微风拂过，传来阵阵鸡鸭的鸣叫，送来缕缕浓郁的菊香，混合着泥土的清香，让人心身俱醉！诗人吃着香喷喷的鸡肉，兴致勃勃地谈论着丰收的景象，沉醉在这美好的田园风光和浓浓的朋友情谊之中。

图像延伸性想象训练

要求根据原信息情节的发展，开展想象，推测故事发展的趋向。

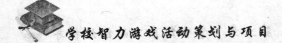

比如：一个银行老板和一个文人打赌，如果文人能连续十五年深居在一间屋子里整天看书，闭门不出，不接待客人，银行老板就愿意输给他一大笔钱。文人同意了，于是日复一日、冬去春来，他天天在屋子里读书，哲学、历史、人物传记、丰富的想象力。

图像联结性想象训练

此类训练是将已有的信息，通过移花接木，或者时空转换的方法，使两者发生联系，联系的总类可以是空间顺序性，也可以是时间逻辑性的，也可能是内在关联或者故事性逻辑性的，衔接想象注意尽可能波澜起伏，进入新颖奇特的境界。

比如：一名学生正在家里做数学作业，窗外阳光明媚，百花吐艳，雀鸟啼鸣，一派怡人景象。而窗内的他，脸上却一会儿阴云密布，一会儿秋霜遍洒，原来为了一道题，他已坐了一个小时，仍无半点眉目。烦恼之情，焦躁之意，已在他心头生起，他似乎觉得周围的一切都在和他作对，甚至觉得阳光也过于刺眼，觉得闹钟上的那只猫头鹰来来回回地翻着眼睛，也是在有意作弄他，他再也写不下去了，把笔一摔，忿忿地走出房间，跑到阳台上……突然，他像悟到了什么，健步走回屋中，重新坐到桌前平心静气地演算起来。这名学生在阳台上看到了什么呢？请合理想象，补写中间“思想转弯”的部分。

情境转移性想象训练

原有的事物和故事结构，如果放置在不同的情境下，会产生意想不到的结果，比如把孙悟空放在马桶上，戏剧效果不需要任何加工就出来了，创设情境时应能触及自己的动情点、兴奋点，使自己很快入情入境，唤醒自己沉淀的记忆，启发想象。

比如：走进办公室，我总觉得气氛有些异常，我看见一些同事窃窃私语，躲躲闪闪的目光，似乎在瞟我。我没有理睬，径直走向座位，可是刚一拉开抽屉，一个色彩鲜艳的塑料皮本便掉在地上——天啊，我的日记本！我的秘密终于藏不住了……这种情景，大家平时有感知，有表象积累，一旦入情入境，便会插上想象的翅膀。

练习一

在脑海里设想一朵玫瑰花，想象它的芳香。你正在一座开满玫瑰花的山上，山上飘荡着浓郁的玫瑰花香味。花香对你会有什么作用？在这种情况下你会干什么？滴一滴香水来重复这个练习。然后设想满满一湖的香水会产生多么浓烈的香味。再次发挥想象力，想象一片森林里小鸟婉转啼唱，此起彼伏，煞是热闹的情形。

这些练习应该在一间安静的屋子里进行。一定要调动注意力管住自己的大脑努力做这个练习。想象的时候要尽可能地清晰真切。反复想象直到这幅图象在脑海里生动地浮现，就像真实地呈现在眼前一样。

练习二

站在潺潺流水的小溪或瀑布旁边。现在认真地倾听传到你耳中的声响。各种声音混合在一起有一种整体的声音效果。这种声音听起来像什么？它让你想起了什么？它使你生发什么样的情绪？你对这个声音的整体效果逐渐适应后，试着辨别这个声音是由哪些声音混合而成的？把这个过程认真细致地完成后——即把整个声音拆分成不同的组成部分之后——想象其中的一种声音非常嘹亮而清晰，让这个声音尽可能地响亮；然后继续想象另一种声音，第三种声音，不断地继续下去，直到所有的声音组合都完成。

最后，从这个有声音的地方换到一个安静的地方，回想刚才听到的声音，首先作为整个的组合音响，然后再回想刚才分析过的每一种声音。不断地练习直到能够很随意很轻松把这些声音想出来。

练习三

根据记忆回想一个遥远而真实的风景。不容易想起来的是那些细节的地方，但是细节一定要有。只要不断地回忆，你一定能想象出来。一定要使想象中的这个地方就像真的一样，清清楚楚地呈现在你的脑海里。在这个过程中，你需要不时调整自己最初设想的图景，使这片风景栩栩如生地展现在你眼前，让大脑保持敏锐积极的想象，继续用不同的景观来进行这个练习，直到你能够随时随地毫不费力地设想某种真实的景致。

练习四

下面提供几种既简单又能够提高想象力的实例方法。

看看天花板的污渍或云朵的形状，然后在脑海中描绘出它的形象。不光只是做一次或两次，做了好几次后，就会出现效果。

在公共汽车车厢，看见某杂志周刊的广告，或是看了某本书的题目，便想象其中的内容，然后，与实际的内容做一比较检查，如此一来，就可以充分地把握自己的想象力。

看书时，采用跳读方式；跳过的地方，运用想象力想象它的内容。

看过电视转播的运动比赛以后，想象第二天报纸的标题，以及报导内容。

以琐碎的小事和资料为基础，创造出一个故事。

和人见面以前，事先预想会面对的状况，并且设想问题。

对于尚未去过的地方，想象它周围的风景，建筑的样式，以及室内的陈设。

边看推理小说，边推测犯人。

从设计图、地图、照片，想象实际的情况、实际的地方和事物。

重视联想。如果开始联想，中途绝不要打断，要一直想到极限。这种飞跃性的联想是个好办法。

故事续编：假如地球上只剩下你一个人了，这时你听见了敲门声……

想象力游戏——掰故事：几个人围坐一起，第一个人先编一段故事，故事中必须包含事先给出的7个词语。这个人发言结束之后，再给出7个词（每个参与游戏的人所给出的词语，必须有一个是相同的）第二个人再编段故事，故事中包含第一个人给出的7个词语……如此循环。

例如，首次给出的7个词为：1、CPI　2、博客　3、寻找　4、2012年　5、玩完　6、芙蓉　7、花痴。

学生想象力的锻炼游戏

植树节植树

植树节到了，某学校联合全校师生在山上进行绿化造林活动。植树小组共分为三组，植树情况如下

类别 组别	杨树（棵）	柳树（棵）	合计
第一组	500	860	
第二组	600	300	
第三组	300	780	

你能根据以上信息，画出相应图表，并把平均每组的植树情况统计出来吗？

如何吊灯

刘经理从商店里买了四盏彩灯来装饰办公室，为了美观起见，要使得它们之间的距离相等，现在是怎么样把这四盏彩灯吊在天花板上，请用图把吊灯方式描绘出来。

五位小朋友如何进各自房间

五位小朋友一起做游戏，老师给他们各自分了一个房间，五个房间里相互不通的，并且每个房间配有两把钥匙。怎样才能保证这五位小朋友随时能进入每个房间？

想象图形

你能想象出带“?”的是什么图形吗?

图形组 1:

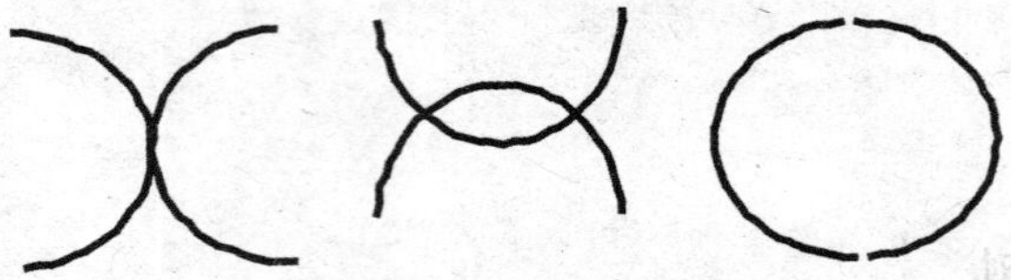

图形组 2:

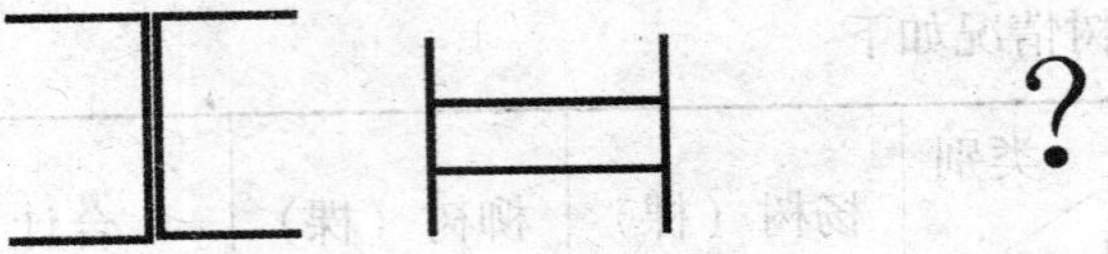

请你根据图形组 1 的形态规律，画出图形组 2 中带“?”的图片。

排列塑料管

有一个两端开口均匀且透明的塑料管子，里面装有 5 个蓝色球和 6 个橙色球，以 A 表示蓝色球，B 表示橙色球，球的直径与管子的内径相同。现在管子内蓝色球和橙色球的排列是 AAAAABBBBBB，要求在不取出任何一个球的情况下，使得排列变为 BBAAAAABBBB。请根据题意画出图形并把你的想法表达出来。

图形推理

图 1:

图 2：

请根据图 1 的图形规律把图 2 中缺少的图形画出来。

排座位

班里有 A、B、C、D 四位同学，他们在同一排的座次是 C、D、B、A。C 和 D 是同桌，B 和 A 是同桌，由于 A 与同桌 B 闹了点矛盾，老师要他们四个进行座位的调换，C 也不想和 A 做同桌并且 C 要在 B 的左边，问有几种排位方式？

小宁的愿望

一日，琳要去和同学聚会，可她的妹妹小宁却吵着要去，琳就灵机一动，从桌上拿出 20 根火柴组成了 5 个小正方形，并告诉小宁只要她能把它变成 9 个正方形就同意她去（但只能移动其中的 3 根火柴）。

请问：小宁该如何移动才能达到自己的愿望？

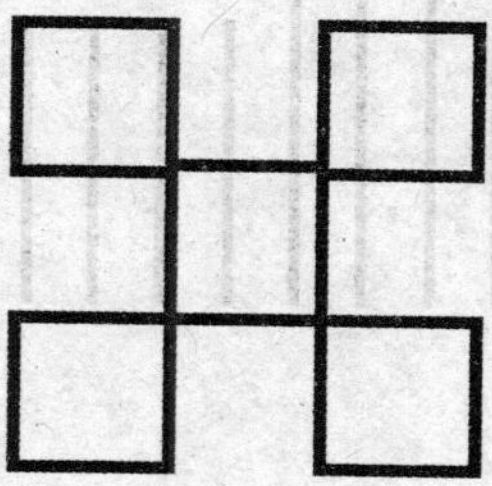

如何过河

甲门前有一条小河，为了出入方便，甲决定去搭桥。已知小河呈直角形（如下图），河宽 3m，正好甲家里有两块木板也是 3m 长，但却没工具可以把这两块木板接起来。

请问：你能帮甲搭起这条小桥吗？

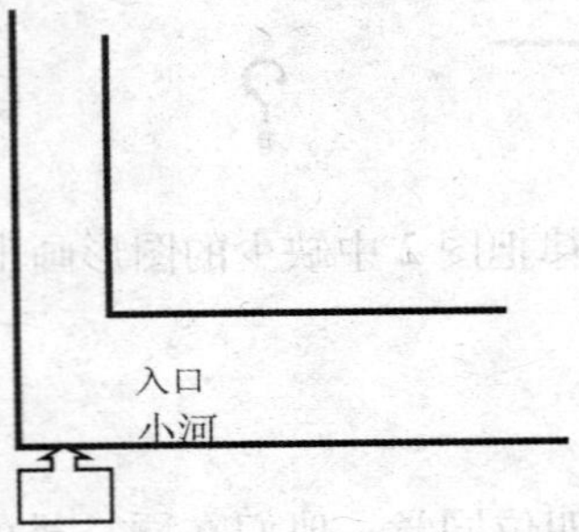

铁丝变换游戏

现在甲手中有 8 根铁丝，其中他左手四根铁丝的长度是右手铁丝的长度的 2 倍。

请问：你如何在不折弯的情况下用这 8 根铁丝组成 3 个大小一样的正方形？

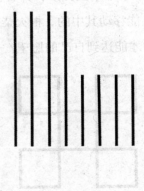

第四章
学生观察力的锻炼指导

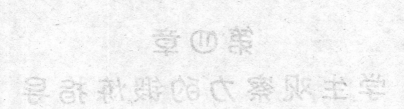

什么叫观察力

观察力是人类智力结构的重要基础，是思维的起点，是聪明大脑的“眼睛”，所以有人说：“思维是核心，观察是入门”。

首先，我们知道，一个正常人从外界接触到的信息有百分之八十以上都是通过视觉和听觉的通道传入大脑，通过观察获得的，没有观察，智力发展就好像树木生长没有了土壤、江河湖海没有了水的源头一样，失去了根本。

其次，观察力的发展离不开思维的进步，而思维是智力的核心。人们认识事物，都由观察开始，继而开始注意、记忆和思维。因而观察是认识的出发点，同时又借助于思维提高来发展优良的观察力。如果一个人的观察力低，那么他的记忆对象往往模糊而不确切、不突出，回忆过去感知过的事物时就常常模棱两可，记忆效果差。于是，在运用已有知识和经验进行分析和判断时就不能做到快速而准确，显得理不直、气不壮，综合分析和思维判断能力差，智力发展受影响，接下来，在以后的观察中，有效性、目的性、条理性差，观察效果不好，进一步影响思维的发展，形成不良循环。

再次，从生理和心理的角度来看，一个人如果生活在单调枯燥、缺乏刺激的环境中，观察机会少，就会使脑细胞比较多地处于抑制状态，大脑皮层发育较缓慢，智力显得相对落后。相反，如果一个人经常生活在丰富多彩、充满刺激的环境中，坚持经常到户外，野外去观察各种事物和现象，大脑皮层接受丰富刺激，经常处于兴奋活动状态，其大脑的发育就相对较好，智力也较发达。

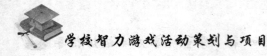

众所周知，人的身心发展除了一定的遗传作用外，更多受环境和教育的影响。因此，要想拥有一个智慧的头脑，就应该勇敢地拓宽视野，敢于观察，善于观察，为自己的智力发展开启一扇明亮的“窗户”，为自己的大脑赋予一双“聪明的眼睛”！

观察力的主要特点

观察力的品质又称做观察力的特点。了解观察力的品质对提高智力有重要意义。

观察的目的性

一个人在进行感知时，如果没有明确的目的，那只能算是一般感知，不能称做观察。只有当那种感知活动具有明确的目的时，它才能算是观察。因此可以说，目的性是区分一般感知和观察力的重要特点之一。

观察的目的性，至少应当包括：明确观察对象、观察要求、观察的步骤和方法。而这些内容，可以在观察前的观察计划中以书面的形式写下来。一般地说，不论是长期的观察，系统的观察，还是短期的、零星的观察，都须制定观察计划。

观察的目的性，还要求我们在进行观察时，必须勤做记录。这种记录是我们保存第一手资料最可靠的手段。记录要力求系统全面，详尽具体，正确清楚，并持之以恒，贝弗里奇告诉我们："做详尽的笔记和绘图都是促进准确观察的宝贵方法。在记录科学的观察时，我们永远应该精益求精。"

实践证明，要做好观察记录，特别是长期的系统的观察记录（如观察日记），必须坚持到底，持之以恒。切忌为山九仞，功亏一篑。中国科学院副院长、气象学专家竺可桢在北京几十年如一日，对气候变化进行长期观察，从不间断。他每天都坚持测量气温、风向、温度等气象数据，直到逝世的前一天，为编写《中国物候学》积累了丰富的资料。

观察的条理性

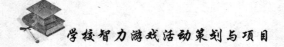

观察是一种复杂而细致的艺术，不是随随便便，漫无条理地进行所能奏效的。观察必须全面系统，有条不紊地进行。长期的观察需要如此，短期的观察也需要如此。

一般来说，有这样几种方式。

第一，按事物出现的时间说，可以由先到后进行观察。

第二，按事物所处的空间说，可以由远及近或由近及远地进行观察。

第三，按事物本身的结构说，可以由外到内，也可以由内到外，或者由上到下，由左到右，可以由局部到整体，也可以由整体到局部进行观察。

第四，按事物外部特征说，可由大到小或者由小到大进行观察。

观察力的条理性，可以保证输入的信息具有系统性、条理性，而这样的信息，也就便于智力活动对它进行加工编码，从而提高活动的速度与正确性。如果一个人做事杂乱无章，那通过他所获得的信息也就必然是杂乱无章的。这样，他的智力活动要在一堆乱麻中理出一个头绪来，必然要花费较多的时间和精力，甚至还可能影响到智力活动的正确性。

观察的理解性

观察力包含两个必不可少的因素：一是感知因素（通常是视觉），二是思维因素。

思维参与观察力的主要作用，是它可以提高观察的理解性。理解可以使我们及时地把握观察到的客体的意义，从而提高我们对客体观察的迅速性、完整性、真实性和深刻性。

在观察过程中，运用基本的思维方法，对事物进行有效地比较、分类、分析、综合，找出它们之间的不同点和相同点，这样，就易于把握事物的特点。考察事物的各种特性、部分、方面以及由这些特性、部分、方面所联成的整体，就易于把握事物的整体和部分。

观察力的敏锐性

观察力的敏锐性指迅速而善于发现易被忽略的信息。科学家和发明家的可贵之处就在于此。牛顿根据苹果坠地发现了万有引力定律，瓦特根据水蒸气顶动壶盖发明了蒸汽机。在学习活动中，同学之间的观察力千差万别，同是一个问题，有的同学一眼就看出问题的要害和内在联系，有的同学则相反。敏锐性的高低是观察力高低的一个重要指标。

观察力的敏锐性与一个人的兴趣往往是密切相关的。不同的人在观察同一现象时，会根据自己的兴趣而注意到不同的事物。兴趣可以提高人们观察力的敏锐性，例如，同在乡野逗留，植物学家会敏锐地注意到各种不同的庄稼和野生植物；而一个动物学家则会注意到各种不同的家畜和野生动物。达尔文曾经谈到自己和一位同事在探测一个山谷时，如何对某些意外的现象视而不见："我们俩谁也没有看见周围奇妙的冰河现象的痕迹；我们没有注意到有明显痕迹的岩石，耸峙的巨砾……" 显然，达尔文对各类生物的观察力是非常敏锐的，但对于地质现象却没有什么兴趣。

观察力的敏锐性是与一个人的知识经验密切相关的。一个知识渊博、经验丰富的人，他在错综复杂的大千世界中，自然容易观察到许多有意义的东西。相反，一个知识面狭窄、经验贫乏的人，他面对许多被观察的对象，总有应接不暇的感觉，结果什么都发现不了。当然，知识对观察的敏锐性还有消极作用。有些人常常凭借知识对一些事物进行主观臆断。歌德曾说过："我们见到的只是我们知道的。"

观察力的准确性

正确地获得与观察对象有关的信息。在观察过程中，不只是注意搜寻那些预期的事物，而且还要注意那些意外的情况。

其次，是对事物进行精确地观察：既能注意到事物比较明显的特征，又能觉察出事物比隐蔽的特征；既能观察事物的全过程，又能掌握事物的各个发展阶段的特点；既能综合地把握事物的整体，又能分别地考察事物的各个部分；既能发现事物相似之处，又能辨别它们之间的细微差别。

再次，搜寻每一细节。一个具有精确观察力品质的人，他在观察事物的过程中，就会避免那种简单的、传统的、老一套的方式，选择那种不寻常的、不符合正规的、复杂多变的创新方式，这往往是富有创造力的表现。例如，让被试者在30分钟之内用22种不同颜色、一寸见方的硬纸片，拼成24厘米长、33厘米宽的镶嵌图案时，创造能力高的人通常尝试用22种颜色，而创造能力较平凡的人则趋于简单化，利用颜色的种类较少。不但如此，创造能力较高的人所拼的图案，近乎奇特，无规律，不美观，他们不愿意依样画葫芦，仿拼任何普通图形，而愿意大胆地独出心裁，标新立异，不怕冒险，宁愿向通俗的形、色挑战。

各种观察力的品质在学习活动中有各自不同的作用。观察的目的性是学习目的性的一个有机组成部分，它保证我们的学习能够按照一定的方向和目标进行。观察的条理性，是循序渐进地从事学习的不可缺少的心理条件，它有助于我们获得系统化的知识。观察力的理解性可以帮助我们在学习中对由观察而获得的知识的理解，不至于生吞活剥，囫囵吞枣。为了获得某些看来平淡无奇，实际上意义较大的知识就必须具有敏锐的观察力。精确性可以帮助我们对所得到的知识深刻准确地领会，不至于似是而非，以假乱真，错误百出，纵漏丛生。在学习中，我们必须把观察力的各种品质结合起来，按照预定的目标去获得系统的、理解的、深刻的、真实可靠的感性知识。

观察的巨大作用

观察是人们认识世界、增长知识的主要手段，它在人们的一切实践活动中都具有非常重要的作用。观察力是智力活动的源泉和门户，人们通过观察，获得大量的感性材料，获得有关事物的鲜明而具体的印象，经思维活动的加工、提炼，上升到理性认识，从而促进智力的发展。达尔文曾对自己的工作做过这样的评价：“我没有突出的理解力，也没有过人的机智，只是在觉察那些稍纵即逝的事物并对其进行精细观察的能力上，我可能在众人之上。”俄国伟大的生理学家巴甫洛夫在他实验室建筑物上刻着：“观察、观察、再观察。”

观察是一种有计划、有目的、较持久的认识活动，科学研究、生产劳动、艺术创造、教育实践都需要对所面临的对象进行系统、周密、精确、审慎的观察，从而探寻出事物发展变化的规律。

翻开名人传记，不难发现，人类历史上，尤其是科学发展史上的成功人物大都具备优良的观察力：

意大利科学家伽利略，就是从观察教堂里铜吊灯的摇曳开始，经过实验研究，发现了摆的定时定律；伟大的生物学家、进化论的创始人达尔文从小热衷于观察动、植物，坚持二十年记观察日记，写出《物种起源》；

伟大物理学家牛顿从孩提时代起就喜欢对各种事物进行仔细观察，而且力图透过现象看本质，把不懂的地方彻底弄明白，狂风刮起时，人们都躲进屋里，牛顿却顶着沙石冲出门外，一会儿顺风前进，一会儿逆风行走，实地观察顺风与逆风的速度差；

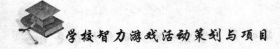

英国发明家瓦特正是从对烧开的水顶动壶盖的观察中琢磨出蒸汽机的基本原理，而由此带来一场深刻的资本主义工业革命的；

我国明代名医李时珍幼年时就爱观察各种花卉、药草的生长过程，细致地观察它们如何抽条、长叶、开花，花草的每一处细微变化都逃不过他的眼睛。正由于这种观察细致的严谨作风，使他得以纠正古代药草书中的很多错误，而写出流百世的《本草纲目》……

通过诸如此类、数不胜数的实例，我们可以发现，多听、多看、锻炼感官、积累感性知识，是观察力得以发展的前提。观察的过程也恰恰是以感知为基础的，但并不是任何感知都可称为观察。真正的有效的观察过程既包含感知的因素，也包含思维的成分，如果在观察过程中不注意锻炼思维能力，那么观察也只是笼统、模糊和杂乱的，既不可能抓住事物的主要特征，更不可能作出科学的判断。

总之，靠自己的感官，有目的、有计划、主动地去感知，并且只有将感知与思维相结合，才是真正的观察；而这种观察现象、抓住本质的能力，才是真正的良好的观察力。

正因为在观察中思考、将思考与观察相结合，达尔文、牛顿等科学家们才真正抓住了那些别人眼中“稍纵即逝的事物”，做出重大发现。

怎样提高观察力

提高观察力的方法很多，具体可以分为以下几种：顺序转换法、求同找异法、追踪法、破案法、随感法、观察日记法、任务法、列项划勾法、个体差异法、中心单元法、边缘视觉法等。

顺序转换法

观察要得法，首先就得学会有计划、有次序的查看，从不同角度、不同顺序上去观察同一事物或用同一顺序观察不同事物，从而把握观察对象的整体和实质。

观察顺序，首先指的是被观察事物的不同空间顺序，如从上到下、从左到右、从东到西，从近及远等；观察顺序，还可指被观察事物的不同结构组成部分的次序，如从头到尾、由表及里，从整体到部分再到整体。所以，观察同一事物，既可以依循其空间顺序，也可以从其不同结构次序入手，获取的信息不同，认识事物的角度也不同。

比如：观察一尾金鱼，从整体顺序来看，其叶菱形，分为上头、中躯、下尾三个部分，鳃以前是头部，肛门以后是尾部，而鳃和肛门之间便是躯干。从局部结构来看，以头为例，其前端有口，两侧有鼓起的眼袋和眼睛，眼的前面有两个鼻孔，两侧还各有一片鳃盖，鳃盖后缘掩住鳃孔，能开合，与口的运动互相一致配合，让水不停地由口流入，由鳃排出，尾翼长，肚子大，颜色鲜艳。经过这种有顺序地有步骤观察，就可以获得一个完整、清晰的观察印象。

用不同顺序观察不同类事物，往往采用从整体到部分，再从部分到整体的顺序分析法。如观察街景、公园、山色等自然景象，多采用由近及远或由远及近的方位顺序法；而观察某一事件，则必须按照开头（起因）到中间（经过）再到结果的时间发展顺序。

求同找异法

求同找异法就是认真观察和研究观察对象，找出其同类事物之间的异同，并分析其间的关系，其意义在于提高观察者的观察分析、思考、概括、归纳能力。例如对蜜蜂进行观察，必须会注意到蜜蜂那神奇的触角和善于舞蹈的多条脚，由此，引发出观察蚂蚁、蜗牛、蜘蛛、蜻蜓等动物的兴趣。在观察这些昆虫家族的秘密时，自会发现这些昆虫有的有触角，有的短而小，有的没有触角，有的昆虫有翅膀，有的有甲壳（如瓢虫），有的没有。通过这种求同找异法，比较同类事物之间的异同，进一步观察、进一步比较的积极性就会自然产生。

追踪法

追踪法又可称为间断观察法，即在不同时间、不同条件下对同一事物进行间断地、反复地追踪观察，以了解事物的发展变化过程，掌握规律，而对类似情况作出准确分析和判断。比如，用一个月的时间观察月亮阴晴圆缺的情况。

追踪法的成功实施要靠注意力的长期稳定来实现，而注意力所指向的并不仅仅是观察活动这一事件本身，而更多是在所观察对象变化发展的规律。

因此，运用追踪法进行观察，不是囫囵吞枣，而是运用大脑，经过筛选、比较、分析，从而得出符合规律的客观认识。

破案法

破案法就是从某一观察的现象、线索中的疑问之处入手，进行探索性的观察，分析找出问题的原因，发现解决问题的办法。

比如瓦特有一次看到暖瓶塞被顶开掉到地上了，他想，暖瓶塞子为什么会被冲开？是什么把它冲开的？它究竟有多大的冲力？带着这些问题，进一步观察、分析和实验，终于受此启发，瓦特发明了世界上第一台蒸汽机。

再如，有一个叫焦涤非的人，他念小学三年级时，一次其父带他到铁路边，平时很爱观察的焦涤非发现铁轨是一节一节连接在一起的，他想，为什么不用一根长长的铁轨却在连接处留下一道道缝子呢？于是他问父亲，其父答道："因为钢铁会热胀冷缩，如果用一根长长的铁轨或接头处不留缝隙，那么铁轨在炎热的夏天就会膨胀变形，七拱八弯的，若不信，你可以自己测量测量。"在父母的支持和帮助下，焦涤非通过观察测量发现，温度的变化很有规律：气温每下降11℃，间隙就增大一毫米。经过近一年的观察，他做了详细的观察记录，同时还写出了铁轨热胀冷缩的观察报告，获得了全国征文比赛优秀奖。更重要的是，通过这一年的观测活动，他不仅掌握了中学阶段的物理知识，而且大大增强了对观察和自然科学实验的兴趣。

随感法

随感法是最简单，也最基本的观察积累手段。它的形式为随看随记，随想随记。它可长可短，字数不定，形式自由。例如，观察养蚕，随看随记，某年某月蛾卵由黄变黑。

某年某月某日，小蚕破壳而出。某月某日，第一次蜕皮。某月某日第二次蜕皮。某月蚕身由黑变白，某月某日，蚕身由白变亮。某月某日，开始吐丝织茧，某日茧成。某日茧破蛾出，某日雌雄蛾子交死，某日产卵。此时，如若翻开随记，就会发现自己拥有了第一手资料。

随感习惯的养成和巩固，可以丰富观察内容，提高观察兴趣。

观察日记法

随着观察材料的不断积累和丰富，随感式摘记显得过于简单，这时就需要记写观察日记了。

世界著名生物学家达尔文从小就具有十分出色的观察力，这和他舅舅常鼓励他记观察日记是分不开的。当时，达尔文已经对自己搜集的标本做了一些简单记录，有的还附有简单插图，可是舅舅对他说，“只做摘记是不够的，要把你自己当作一个画家，但不是用颜色和线条，而是用文字。当你描述一种花，一种蝴蝶，一种苔藓的时候，你必须使别人能够根据你的描述立刻辨认出这种东西来。为了搞好科学研究，你必须进一步提高你的文字表达能力，要像莎士比亚那样用文字描绘世界、叙述历史、打动人心。”

我国古代地理学家徐霞客就是一个善于观察和坚持写观察日记的科学家，他走遍我国的名山大川，仔细观察和考察，晚年他把自己的观察日记整理出来，终于留下了光辉的科学著作《徐霞客游记》。

任务法

未经过训练的人在观察时，往往注意力不集中，东看看，西瞧瞧，容易受不相干事物的干扰，忘记了观察目的。因此，在观察训练的初期，在观察活动之前，应适时地给自己或训练对象提出一些要求，下达一定的任务，确立一定的观察目的，使观察有计划地进行。如观察对象有什么特征，周围的环境怎么样，有什么变化等等。

任务法是比较常用和易行的方法，它有利于观察计划的顺利实现。

列项划勾法

列项划勾法是任务法的进一步深化，具有更强的实际操作性。

在明确观察任务和目的后，可以给自己列出一个转绕观察任务的项目表，恰似上街购物前的“购物提示”，它能够促使训练者有计划、有目的地观察相关内容。

列项划勾法在每一次观察结束后，实际已保留了较完整、较全面主要特征法。

所谓主要特征法就是观察事物时，认准被观察对象的主要现象和特点。这是针对一些人在观察时通常分不清观察中的主要现象和次要现象，或者总是注意那些有趣的、奇特的、自己喜爱看的现象而忽视主要内容而言的。

比如，我们观察一只乌龟，如果问“乌龟的主要特征是什么?”，可能不少人会说乌龟有两只小眼睛、短尾巴、四只脚和身子藏于甲壳之下，其实不对，乌龟的特征在于其背壳，四只脚、两只小眼和短尾巴等这些都是其他许多爬行类动物的共同特征，而非乌龟所特有，因此乌龟背壳的硬度、形状、花纹才是观察的重点。

再如，我们观察一只公鸡，观察重点是什么呢？应该是重点观察鸡冠和羽毛颜色、大小，因为这是与母鸡相区别的特征。观察鸭子，重点自然应放在脚蹼和羽毛的不湿水性上。因为这是鸭子区别于鸡的重要特征。

个体差异法

所谓个体差异法，就是在对同类事物进行观察时，抓住其个体特征。例如，同样是军官，同样是被逼上梁山，而林冲和杨志却是截然不同的两种心态和两种性格，这就是他们的个体差异。

在实际观察中，我们面对的更多是一个个体，这一个体除了具有同类事物的类别特征外，更重要的是具有其个体特征。因而，要使观察进一步深入、细致，必然要具体事物具体分析，抓住事物的个体差异。

相传，欧洲大文豪福楼拜在向契诃夫介绍自己的写作经验时，曾要求契诃夫走过每一个大门时，观察每一个守门人，并把他们记录下来，福楼拜说："我要你写每一个守门人，是让你找出这个守门人和其他所有守门人的不同点，他的面貌、他的眼神、他的动作都是他所独有的。我让你记录每一个守门人，要让别人能从所有守门人中一下子找出他来。"福楼拜的话道出了观察中"个体差异法"的实质内容。

中心单元法

所谓"中心单元法"，即围绕某一观察对象或内容开展一系列观察活动，以求完整、准确地把握和理解事物的现象和本质。

例如，观察种子发芽成苗的这一过程，围绕种子是怎样发芽的这一中心，设计出一系列的观察活动。比如什么时间种子长出根？什么时候张开瓣？叶子什么时候长出？颜色怎么样？每天需浇多少次水？

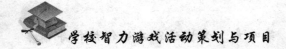

中心单元法贵在围绕“中心”坚持下去，否则无法获得对事物的完整印象和深入了解。

边缘视觉法

一个观察力不够准确的人，常常是只见树木，不见森林。相反，观察力准确性较高的人，既能把握事物的整体，又能敏感地观察到事物的细节。这一能力需要观察者具有较广泛的视觉范围，又有较高的视觉敏感度，为此，可进行边缘视觉法训练。

所谓的“边缘视觉”，就是先保持固定的目光聚焦，凝视正前方，同时又用眼观望四周，但不是以头的扭动或转向而带动目光去看，而是用眼睛的余光。原来，在人的视敏度很高的中央视觉区外缘，还有一块很大的，相对来说尚未被充分利用的视觉区域，就叫作边缘视觉。而人的视网膜，只有一小部分处于敏感的中央区，其余则都在边缘视觉地带。因此，对边缘视觉的开放和训练，可以大大提高视觉的感受力范围和感受性程度，对视察完整性和准确性训练大有帮助。

边缘视觉，非常具有开发价值，它能使观察者对自己感兴趣的事物特别敏感，而且也善于捕捉他人易忽视的细节或事物的某些特征。比如，从杂乱无章的复杂环境中选认出自己所找或选认的事物，靠的就是边缘视觉。一个边缘视觉良好、观察敏感度高，又对汽车有浓厚兴趣的人能对身边一驰而过的汽车，准确地说出车名、车型及车的显著特征。

在进行边缘视觉训练时，要注意既看清事物整体，又要把视觉敏感的中央区对准需要进行细致观察的部分，要眼观六路耳听八方，又要抓住关键和要害，一目中的。

培养观察力的方法

人的观察力并非与生俱来，而是在学习中培养，在实践中锻炼起来的。特别是对学习自然科学的人来说，观察力尤其重要。同学们要从小养成自觉地、认真地观察各种自然现象的习惯、兴趣和能力。通过直接体验，积累对自然现象的感性认识，培养对事物进行科学观察的能力和习惯。

为了有效地进行观察，更好地锻炼观察力，掌握良好的观察方法是必要的。

确立观察目的

对一个事物进行观察时，要明确观察什么，怎样观察，达到什么目的，做到有的放矢，这样才能把观察的注意力集中到事物的主要方面，以抓住其本质特征。目的性是观察力的最显著的特点，有目的观察才会对自己的观察提出要求，获得一定深度和广度的锻炼。反之如果东张西望，左顾右盼，对事物熟视无睹，你的观察力就得不到锻炼。例如，你想要办一个新的商店，需要从别的商店获得一些商品陈列的经验，此时，你去观察一定带着目的性。只有带着目的性的观察才是有效的观察，才能尽快提高自己的观察力。

制订观察计划

在观察前，对观察的内容做出安排，制订周密的计划。如果在观察时毫无计划，漫无条理，那就不会有什么收获。因此，我们进行观察前就要打算好，先观察什么，后观察什么，按部就班，系统进行。观察的计划，可以写成书面的，也可以记在脑子里。

培养浓厚的观察兴趣

每个人由于观察敏锐性的差异，在同一件事物的观察上会出现不同的兴趣，注意到不同事物或同一事物的不同特点。因此，培养浓厚的观察兴趣是培养观察能力的重要前提条件。为了锻炼观察能力，必须培养每个人广泛的兴趣，这样才能促使人们津津有味地进行多样观察。同时，还要有中心兴趣。有了中心兴趣，就会全神贯注地对某一领域进行深入的观察。

有的同学喜欢观察星空，特别是对银河、火星、月亮等观察兴趣很浓厚，能长期坚持并写出观察日记。这样就可以增长知识，打开思路。有的同学对植物很有兴趣，注意观察植物的生长过程，从播种、发芽到发育、成熟，并做了大量观察日记。教师也经常给以指导，辅助以必要的知识。这样做不仅极大地培养了学生们的观察兴趣和持久的观察力，也提高了他们对事物发展全过程的表达能力。

训练观察力的步骤

要锻炼观察力，应从身边的事物、所处的环境、人的特点着手。比如：你家里的桌子的位置有轻微变化、你的一个新朋友的眼皮是内双的、今天路上的车辆比以往少了一点（从此你可以去推断为什么少，发生了什么）、餐厅见的某个陌生人是个左撇子、你周围的人的表情，穿着等等。

观察是一种用心的行为，而非随随便便地“看”。观察一个楼梯，你可以算它的级数、高低，光是看的话，你可能只是记得它是一个楼梯。在初练观察力时，最好养成有意识的观察。针对一个平凡无常的事物，你应有意地细致地观察它所具有的特征，注意常人难以发现的地方。再有，通过对比也是训练观察力的好方法。如：今天和昨天的窗户上的灰尘有什么变化、股市的变化并推测其未来趋势。观察，不仅要观察其内在本质，也要着重于发现事物的变化。总之，持有一颗观察的心并付诸实践，长此以往，便可以训练出潜意识的观察能力，即：对于什么事物，都会习惯性地去观察。这是一种好习惯。下面是训练观察力的五个方法。

静视

首先，在你的房间里或屋外找一样东西，比如表、自来水笔、台灯、一张椅子或一棵花草，距离约60厘米，平视前方，自然眨眼，集中注意力注视这一件物体。默数60～90下，即1～1.5分钟，在默数的同时，要专心致志地仔细观察。闭上眼睛，努力在脑海中勾勒出该物体的形象，应尽可能地加以详细描述，最好用文字将其特征描述出来。然后重复细看一遍，如果有错，加以补充。

其次，你在训练熟练后，逐渐转到更复杂的物体上，观察周围事物的特征，然后闭眼回想。重复几次，直到每个细节都看到。可以观察地平线、衣服的颜色、植物的形状、人们的姿势和动作、天空阴云的形状和颜色等。观察的要点是，不断改变目光的焦点，尽可能多地记住完整物体不同部分的特征，记得越多越好。在每一次分析练习之后，闭上眼睛，用心灵的眼睛全面地观察，然后睁开眼睛，对照实物，校正你心灵的印象，然后再闭再睁，直到完全相同为止。还可以在某一环境中关注一种形状或颜色，试着在周围其他地方找到它。

再次，建议你然后去观察名画，必须把自己的描述与原物加以对照，力求做到描写精微、细致。在用名画做练习时，应通过形象思维激发自己的感情，由感受产生兴致，由兴致上升到心情。这样，不仅可以改善观察力、注意力，而且可以提高记忆力和创造力。因为在你制作新的心中的形象的过程中，你吸收使用了大量清晰的视觉信息，并且把它储藏在你的大脑中。

行视

以中等速度穿过你的房间、教室、办公室，或者绕着房间走一圈，迅速留意尽可能多的物体。回想，把你所看到的尽可能详细地说出来，最好写出来，然后对照补充。在日常生活中，眼睛像闪电一样看：可以在眨眼的功夫，即01～04秒之间，去看眼前的物品，然后回想其种类和位置；看马路上疾驶的汽车牌号，然后回想其字母、号码；看一张陌生的面孔，然后回想其特征；看路边的树、楼，然后回想其棵数、层数；看广告牌，然后回想其画面和文字。所谓“心明眼亮”，这样不仅可以有效锻炼视觉的灵敏度，锻炼视觉和大脑在瞬间强烈的注意力，而且可以使你从内到外更加聪慧。

抛视

取25块到30块大小适中的彩色圆球，或积木、跳棋子，其中红色、黄色、白色或其他颜色的各占三分之一。将它们完全混合在一起，放在盆里。

用两手迅速抓起两把，然后放手，让它们同时从手中滚落到沙发上，或床上、桌面上、地上。当它们全部落下后，迅速看一眼这些落下的物体，然后转过身去，将每种颜色的数目凭记忆而不是猜测写下来，检查是否正确。重复这一练习 10 天，在第 10 天看看你的进步。

速视

取 50 张 7 厘米见方的纸片，每一张纸片上面都写上一个汉字或字母，字迹应清晰、工整，将有字的一面朝下。也可用扑克牌。取出 10 张，闭着眼使它们面朝上，尽量分散放在桌面上。现在睁眼，用极短的时间仔细看它们一眼。然后转过身，凭着你的记忆把所看到的字写下来。紧接着，用另 10 张纸片重复这一练习。每天这样练习三次，重复 10 天。在第 10 天注意一下你取得了多大进步。

统视

睁大你的眼睛，但不要过分以至于让你觉得不适。注意力完全集中，注视正前方，观察你视野中的所有物体，但眼珠不可以有一点的转动。坚持 10 秒钟后，回想所看到的东西，凭借你的记忆，将所能想起来的物体的名字写下来，不要凭借你已有的信息和猜测来做记录。重复 10 天，每天变换观察的位置和视野。在第 10 天看看你的进步。

锻炼观察力的技巧

若想训练出好的观察力，技巧非常重要。下面列举的技巧都是人们在长期的实践中掌握的切实可行的方法，适合初学者学习。

重复观察法

为了避免纰漏和似是而非的错假现象，求得对所观察对象的精确和深刻，重复对同一事物或现象的观察是非常必要的。特别是在对那种发生或发展特别快或有其它干扰的事物或现象的观察时，我们观察的感应速度难以跟上或注意力容易被干扰，如老师在做氯气和氢气的化合试验时，有的同学可能被镁条燃烧时发出的强光干扰而影响对试验发生的反应现象的观察，像这样的情况就必须重复多次进行观察。

比较观察法

在观察两种相近或相似的事物或现象时，通过比较观察，找出它们之间的异同，抓住它们的本质特征，以获得清晰的认识，这种方法在我们的学习中也是应用比较广泛的，例如有的同学在这用 $(a+b)^3=a^3+3a^2b+3ab^2+b^3$ 和 $(a-b)^3=a^3-3a^2b-3ab^2-b^3$ 这两个公式时经常出错，特别是 $(a-b)^3$，但将两个公式放在一起比较时就会发现：$(a-b)^3$ 的展开式中带“—”号的项恰好是“b”的奇数次幂项。在其他各学科中运用比较法也同样可取得很好的效果。

借助仪器观察法

在我们生活和学习的周围环境和宇宙空间中，有许多的事物是我们难以或不能直接用我们的身体器官观察得到的，或者由于人的感官在观察时在精度和速度等方面本身存在的局限性，所以借助仪器进行观察是非常必要和必需的。由于显微镜的发明和使用，揭开了微生物世界物秘密空间，并创立了细胞学说；由于天文望远镜、人造卫星及宇宙飞船的应用，增强了人类对地球本身和宇宙空间的了解，开阔了人们的视野和探索空间。

自然观察法

对在自然状态下的观察对象进行观察。春游时，对山峦河流、地形树貌、民俗风情、文物建筑、田园风光的观察，配合植物学和动物学的学习，在大自然或植物园、动物园中观察多种多样活生生的动物和植物，都是运用的自然观察法。我国宋朝画家文同，擅长画竹。这主要得益于他坚持对竹进行“自然观察”。他在居室窗外栽种一片竹林，朝夕观察揣摩，脑海中保留着鲜明生动的竹子形象，挥毫作画里总是“胸有成竹”。

分解观察法

就是把被观察对象的各种特征、各个方面或各个组成部分一一分解开来，认真进行观察。这样的观察，可以使我们对事物了解得更加精确。例如观察直圆柱：这个形体是什么形状？有几个底面，是什么形状？有几个侧面，展开是什么形状？两个底面之间相等吗？通过这样解剖观察后，就能把握直圆柱的主要特征：直圆柱的两个底是相等的圆，它的侧面展开是一个长方形。又如“赢”字，学生不易掌握其字形，但如果进行解剖观察，分解为“亡、口、月、贝、凡”便容易得多了。

历史观察法

即按事物进行观察的方法，它以时间变化为特征。世界上的一切事物包含在一定的时间与空间关系之中。任何事物的发展变化都和一定的过程和时间顺序。人们习惯把短时间的变化称为过程性的发展变化。

移位观察法

就是观察者在不固定位置对客观事物进行的不固定的观察。其特点是观察处于活动变化的状态。这种观察可以是观察者的移位，也可以是观察对象的移位，其观察点在不断发生变化，是一种动态性观察，这种观察往往是有选择的，它的变化特点是以空间变化为标志。

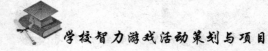

另外，还有长期观察法、隐蔽观察法、时序观察法、综合观察法、多角度观察法和追踪观察法等等。在这里就不多说了。总之，要提高观察能力，既要养成良好的观察习惯，又必须掌握科学的观察方法。

观察在学习中的运用

观察是获得知识的第一环节

通过观察首先可以获得对事物的感性认识，而通过对感性认识的不断积累综合和思考，最终将升华为理性知识，所以说观察是人类智力活动的源泉。著名生物学家达尔文曾说过：“我既没有突出的理解能力，也没有过人的机智，只是在对事物的观察能力上可能在众人之上。”

准确的观察力是纠正或者发现错误的重要根据

人们之所以能发现载嵩的《斗牛图》中“牛尾高翘”的错误，就是平时准确的观察事实。在科学历史上新发现和技术革新，都是通过准确的观察后，从对前人的学说或事物的现象产生怀疑而开始的，例如哥白尼之所以能创立“日心说”，就是因为他通过长期的、准确的观察发现了“地心说”的许多错误；有关物体重量与降落速度的关系，在伽利略的倾塔实验之前人们都错误地认为物体降落的速度与重量成正比关系，是伽利略通过大量的实验纠正了这一错误认识。同样，作为一个侦探，拥有观察力，也能很好的发现不同寻常的东西，使之成为线索，直逼真相。

敏锐的观察力是捕捉成功机遇的重要条件

机遇是出乎人们意料的好的境遇和机会。意外的机遇往往成为某件事情成功的契机。在科学技术的发展历程中，由于机遇的降临而引出的新发现和发明的就有很多，青霉素就是英国的细菌学家沸莱明在一个偶然的机会里发现的，他后来曾说过：“我唯一的功劳就是没有忽视观察。”由此可见敏锐的观察力在科研工作中的重要，当然在我们的学习中也需要有敏锐的观察能力。

观察力的测试

你会注意到一些被人们忽视的东西吗？很多人对于新奇的、刺激的东西很容易就会注意到。比如，你家门口停了一辆高级的轿车，你肯定会注意到。但是每天看到的一些东西呢？其实你往往会熟视无睹，不相信吗？那就来测试一下吧！

（1）妈妈的头发是什么颜色的？

（2）爸爸的自行车或汽车是什么牌子的？

（3）你的同桌比你高还是比你矮？

（4）妈妈戴结婚戒指吗？

（5）你家洗衣机是几升的？

（6）你们家客厅挂了几张画？

（7）你最喜欢的一本书是什么出版社出版的？

（8）你家牙膏是什么牌子的？

（9）你的卧室是正方形的吗？

（10）妈妈经常给你买的面包是什么牌子的？

（11）爸爸每天回家后第一件事是什么？

（12）你家种了几盆花草？

（13）你家阳台是封闭的还是不封闭的？

（14）你的朋友当中谁最胖？

（15）妈妈最常穿的衣服是什么颜色的？

在以上问题中，答对一个记一分，如果你得分在 10 分以上，那么恭喜你了，你是一个超级观察家，任何东西都别想从你的眼前溜走！得分在 5 至 10 分的，你的观察力也相当地好。得分在 5 分以下，你就要好好锻炼观察力了。

其实，如果你的观察力不怎么好，也不用气馁，只要掌握提高观察力的方法，就一定能行。

学生观察力的锻炼游戏

如何将两种杯子分开

小强的妈妈是学校里的化学老师。一天，小强来实验室等妈妈一起回家。等小强做完作业想出去玩时，妈妈马上将他喊住，给小强出了这样一道题目："你看看桌子上现在放了6只做实验用的玻璃杯，前面的3只盛满了水，而后面的3只却是空的。你可以只移动其中的1只玻璃杯，就把盛满水的杯子和空杯子间隔起来吗?"小强在班上是出了名的"小机灵鬼"，他只想了一会儿，就做到了。

请您想一想：小强是怎样做到的?

钱为什么会少

一个人由于下午要出差，就给他的儿子打电话，要求儿子买一些出差需要的东西。他告诉儿子，桌子上的信封里有钱。儿子找到了装钱的信封，上面写着98。于是儿子就拿着这些钱到超市买了90元钱的东西，当他准备付钱时发现，不仅信封里没剩下8块钱，反而不够90块，这是怎么回事呢?钱为什么会少?

测高楼的高度

某天，天气非常晴朗，一个人对另一个人说："这里有一盒卷尺，看到对面这幢大楼了吧，它的四周是宽广的平地。如果在不凳高的情况下，怎样才能量出对面这幢大楼的高度?"另一个人听罢问题后，想了一会儿，又拿卷尺量了一番，最后得出了大楼的高度，聪明的你想到他是怎么测的吗?

观察数字

仔细的观察一下 1、2、3、4、5、6、7 这七个数，如果不改变顺序，也不能重复，想一想用几个加号把这些数连起来，可使它们的和等于 100？

切西瓜

一个人拿刀将一个西瓜切了 4 刀，西瓜被切成了 9 块，可是，当西瓜被吃完后，发现多了一块西瓜皮，于是他又查了一遍，还是 10 块西瓜皮，请问这个人是怎么切西瓜的？

九宫阵

九宫阵是一个 9×9 的方阵，由 9 个九宫格构成，每个九宫格又由 3×3 共 9 个小格子构成。请在图中每个空白小格子里面填上 1～9 的数字，使每个数字在每个九宫格内以及在整个“九宫阵”中每行、每列上均只出现一次。

	9				2			
		5				4		
7				3	6	2		9
9					1			
	5			6				8
		8	4			7		6
4						6		
		2		8				1
	1			9	5		3	

天秤称木料

桌子上有12块木料，这12块木料是一模一样的，但是其中有一个和其它的重量不同，只有一个天秤。请问：怎样称才能用三次就找到那块木料。

刻字单价

有一个先生以刻字为生，有一次，一位顾客来问他刻字的价格，他说道："刻'隶书'4角；刻'新宋体'6角；刻'你的名字'8角；刻'你爱人的名字'12元。这位顾客听罢，笑了笑，你能猜到这个刻字先生刻字的单价吗?

货车过桥洞

有一辆装满货物的大货车要过一个桥洞，可是货车上的物品装的太多了，顶部高出了桥洞1cm，怎么也过不去。有什么办法能让这个货车顺利地通过桥洞呢?

观察数字

54321，43215，32154，(　　) 15432。第四个数字是多少?

第五章
学生表达力的锻炼指导

什么叫表达力

用外部的行为（语言、神态、身段等）把思想表达出来能力就是表达力。表达力是表达一个思想的过程，在这个过程中，首先要计划好通过表达达到什么目的。其次要围绕目的在头脑中构思表达的内容。最后再把构思的内容变成对方能理解的外部的行为（语言、神态、身段等）。

在人的一生中，从呀呀学语开始，经历幼儿期、儿童期、少年期、青年期、中年期、壮年期、老年期等各个阶段，不论是一般的生活琐事，还是在工作职场上，都必须借助语言来完成沟通，通过语言沟通来建立各种不同的人际关系。

语言是人与人之间传递消息或表达思想的媒介，是具有意义的声音和符号，是人们用以表达思想和传递感情的最重要的消息工具，在人类的历史上，正是因为拥有语言，才使得人类能够保留经验传承文化。

语言表达能力是一个人综合能力的反映，从中可以看出他的知识、才能、阅历和修养，不管他（处事）严谨还是做事马虎，不管他思维敏捷、条理清楚，还是思想懒散不求上进，都可以从他的语言中看出来，从他说话的内容和方式中，你可以看出他读了哪些书，掌握了那些思想，你可以看出他的择友之道，你可以看清他的思想轨迹、生活习惯，也可以知道他的所作所为和生活阅历，可以说，语言表达囊括了一个人的一切。

不管你过着什么样的生活，掌握了多少知识，取得了多少业绩，都可以从语言表达中得到反映，所以在现实社会中，我们不得不承认，语言表达能

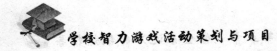

力较强的人，社会地位较高，也会受到较高的推崇，很多人士的成就，在相当大的程度上应该归功于善于表达，大家都知道，在人际交往中，第一印象是非常重要的，而拥有良好的语言表达能力，则能给别人留下深刻的第一印象，优雅的谈吐不仅可以使自己广受欢迎，而且有助于事业的成功，想要获得成功，你首先要掌握驾驭语言的能力，不论你今后从事于哪种职业，你每天都要进行沟通和交谈，也就必然需要运用语言，特别是渴望建功立业的人，更应该掌握谈话的技巧，提高驾驭语言的能力，在各种场合，都能够做到从容不迫，应付自如，如果你想让别人对自己感兴趣，那么你首先需要通过语言把自己的“主题”表达出来，所以，不论你从事任何行业，只要提高了自我表达能力，都会使你受益无穷。

表达能力的运用，在于沟通人与人的关系，在双方的相互适应中，彼此得到更好的发展，事实上，表达能力的运用，只要达到尽心感情、态度、及行为等目的的沟通，就可以说已经取得了你所需要的沟通效果。

表达力的重要性

表达能力是现代人才必备的基本素质之一。在现代社会，由于经济的迅猛发展，人们之间的交往日益频繁，表达能力的重要性也日益增强，好口才越来越被认为是现代人所应具有的必备能力。

作为现代人，我们不仅要有新的思想和见解，还要在别人面前很好地表达出来；不仅要用自己的行为对社会做贡献，还要用自己的语言去感染、说服别人。

就职业而言，现代社会从事各行各业的人都需要口才：对政治家和外交家来说，口齿伶俐、能言善辩是基本的素质，商业工作者推销商品、招来顾客，企业家经营管理企业，这都需要口才。在人们的日常交往中，具有口才天赋的人能把平淡的话题讲得非常吸引人，而口笨嘴拙的人就算他讲的话题内容很好，人们听起来也是索然无味。有些建议，口才好的人一说就通过了，而口才不好的人即使说很多次还是无法获得通过。

美国医药学会的前会长大卫·奥门博士曾经说过，我们应该尽力培养出一种能力，让别人能够进入我们的脑海和心灵，能够在别人面前、在人群当中、在大众之前清晰地把自己的思想和意念传递给别人。在我们这样努力去做而不断进步时，便会发觉：真正的自我正在人们心目中塑造一种前所未有的形象，产生前所未有的震击。

总之，语言能力是我们提高素质、开发潜力的主要途径，是我们驾驭人生、改造生活、追求事业成功的无价之宝，是通往成功之路的必要途径。

表达应具备的能力

要想提高自己的表达力，成为语商很高的语言天才，还应具有以下六大能力。

听的能力

听是说的基础。要想会说，建立你养成爱听、多听、会听的好习惯，如多听新闻、听演讲、听别人说话等，这样你就可以获取大量、丰富的信息。这些信息经过大脑的整合、提炼，就会形成语言智慧的丰富源泉。培养听的能力，为培养说的能力打下坚实的基础。

看的能力

多看可以为多说提供素材和示范。你可以看电影、书报、电视中语言交谈多的节目，还可以看现实生活中各种生动而感人的场景。这些方式一方面可以陶冶情操、丰富文化生活，另一方面又可以让你学习其他人的说话方式、技巧和内容。特别是那些影视、戏剧、书报中人物的对话，它们源于生活、高于生活，可以为你学习说话提供范例。

背的能力

背诵不但可以强化记忆，还能训练你形成良好的语感。不妨建议你尝试着多背诗词、格言、谚语等，它们的内涵丰富、文字优美。如果你背的多了，不仅会在情感上受到陶冶、熏陶，还可以慢慢形成自己独特而生动的语言。

想的能力

想是让思维条理化的必由之路。在现实生活中，很多时候我们不是不会说，而是不会想，想不明白也就说不清楚。在说一件事、介绍一个人之前，建议你认真想想事情发生的时间、地点和经过，想一想人物的外貌、特征等。有了比较条理化的思维，你才会让自己的语言更加条理化。

编的能力

会编善说是想像力丰富、创造力强的标志。建议你养成善于编写的好习惯，这对提高你的语言思考和说话能力有着积极的作用。

说的能力

说是语言表达能力的最高体现。只有多说，你的语商能力才会迅速提高。在说话时，要尽量简洁、明白，通俗易懂。

要使说话简短，就要学会浓缩。浓缩就是语言的提炼，浓缩的语言是语言的精华。

几百年前，一位聪明的老国王召集一群聪明的臣子，交待了一个任务："我要你们编一本《智慧录》，好流传给子孙。"

这群聪明人离开老国王以后，便开始了艰苦的工作。他们用了很长一段时间，最终完成了一部十二卷的巨著。他们将《智慧录》交给老国王看，他看了后说："各位大臣，我深信这是各时代的智慧结晶。但是它太厚了，我担心没有人会去读完它，再把它浓缩一下吧！"这群聪明人又经过长期的努力工作，删减了很多内容，最后完成了一卷书。可老国王依然认为太长了，命令他们继续浓缩。

这群聪明人把一本书浓缩为一章、一页、一段，最后浓缩成一句话。当老国王看到这句话时很高兴，说："各位大臣，这才是各时代的智慧结晶。各地的人只要知道这个真理，我们一直担心的大部分问题就可以顺利解决了。"

这句经典的话就是："天下没有免费的午餐。"

这句话告诫人们：即使是满足自身生存的最基本需要，也必须自己去做；即使你的祖辈、父辈能为你提供丰厚的物质基础，也需要自己去做。否则，你就只能坐吃山空。

表达应遵循的原则

要想迅速而高效的拓展你的表达能力，必须遵循“四要四不要”的原则。

要实在，不要花言巧语

说话和办事一样，都讲究实在，不要一味追求使用华丽的词藻来装饰，更不要哗众取宠。

要通俗，不要故作姿态

说话要避免深奥，尽量使用大众化的语言，像俗语、歇后语、幽默笑话等，这样，你办起事来可能会事半功倍。

要简明，不要模糊不清

说话要简明扼要、条理清楚，不要长篇大论、言之无物，这样，别人会听不懂你说的话。

要谦虚，不要“摆架子”

假如你在言语中有“摆架子”的表现，倾听的人会十分反感。这样，你不但达不到说话的目的，还会影响听话人的情绪。希望你能牢记：谦虚是说话人的美德。

以上四点是从整体的语言表达上归纳出来的关于说话的一些通用方法，它们对拓展你的表达力是很有帮助的。

表达需要注意的策略

为了提高自己的表达能力，在语言的运用上，你需要注意以下几项重要策略：

要诚实热情

时刻提醒自己在表达时让对方知道你的热心和诚意，诚意是指说话内容，热心即是语言上的表达，还需要注意对他人的尊重和说话的礼貌，以及言行一致，同时需要真诚的为对方着想。

注意环境语言

也就是注意适合说话的情景，所谓适合情景，就是要求语言运用与所处的环境相吻合，只有语言与环境吻合了，你所说的话才能获得良好的效果，并达到预期的目的，这里所说的语言环境，是指说话时所处的现实环境或具体情况，包括外在环境所处地方、时间、场合，以及内在环境，对方的内心状态及情绪等等。

要小心使用语言的附加意义

在语言的运用上，必须注意各种不同文化背景的语言差异，否则容易造成误解，使沟通中断，形成不良的沟通。

尽量使用平实的中性的语言

你在进行表达时，要实事求是，简洁明了的叙述事实，剖析理论，应该避免华而不实和过度的夸饰，同时，尽量使用中性词语，避免使用情绪化的词语。

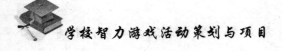

简单来说，在提高语言表达能力的具体操作上，有两个基本技巧，一个是怎样把话说清楚，另一个是怎样把话说恰当，在沟通时，必须注意让对方感受到你的热心和诚意，在说话时必须注意所处的现实环境和具体情况，也必须注意各种不同文化背景的语言差异，以免造成误解。

因此，要想有效表达自己的意见，必须注意说话的方式，清楚地表达语义，并随着不同的情景、场合及对象，机巧性的运用各种策略，适当的把自己意愿表达出来。

在培养怎样把话说清楚这一能力时，首先要注意储备有效词汇，词汇的运用，是我们表达自我意愿的关键，词汇认识的越少，沟通的困难越大，词汇认识的越多，沟通的正确性就越高，你需要花费一些时间和精力，研究修词，尤其相同意思的不同表达，使自己的用词更丰富，谈吐更优雅，还要尽力增加自己的词汇量，随时翻阅工具书，注重平时的积累，这本身也是一个自我教育的过程，对自己的成长是很有帮助的。

如果你词汇量少得可怜，思想贫乏，阅历有限，是无法做到口才出众谈吐优雅的。另外，在你向对方表达时，还要注重时间，任何事情都会随着时间而改变，正确信息很有可能已经不正确，为了符合事先推论，你应该考虑你所表达的事情、地点、人物信息在现阶段是否真实，以提高你表达信息的正确性、有效性。

把话说得恰当也是提高表达能力的重要因素，想要把话说恰当，首先要注意正式语言与非正式语言的区别，在我们日常使用的语言当中，需要根据情景与对象的不同，而区别使用正式语言与非正式语言，如果不正确区别使用，就会在沟通上造成极大的障碍，就一般情景而言，除了特定的人和团体之外，其他的语言应该介于正式与非正式之间，其次，应该避免使用术语和不必要的专用名词，你所进行沟通的对象，经常是具有不同背景或不同兴趣的人，针对这些对象，你应该运用对方能理解的语言，避免使用太多专业术语或专用名词，即使在需要使用的情况下，也应该加以详细说明，已达到沟通的目的，同时为了把话说恰当，你还应该保持敏锐的察觉力，语言沟通上常有许多失误，是因为使用了冒犯他人的不当语言，比如种族歧视或有偏见的话语等等，因此，必须要根据不同的对象，敏锐察觉这些不当用语，并避免使用，最后，你还应该注意多使用接纳性的语言，也就是鼓励和启示性的语言，尽可能避免使用批评和责备的语气，这样才能达到有效的沟通，你的表达能力也会得到周围人的认可。

语言表达除了在传达思想外，也可以将个人对事情的看法和经验表达出来，在语言表达中，我们当然可以加强对自我思想的表述力度，同时，也要特别注意接纳性别及文化上所可能产生的沟通差异，以增进语言表达的亲切程度，你要记住，人与人之间的沟通的最终目的，在于要完成对信息的共同了解，所以，沟通必须是双方面的，真正擅长沟通的人，应该是语言表达能力及社会沟通能力上都可以充分发挥的人，所以，如果你能对人际互动时的社会心理意义有所了解，那么对于你提高语言表达能力、改善沟通必将有所帮助。

所谓了解人际互动时的社会心理意义，是指在沟通时首先需要具有同理心，同理心也就是说心中有他人，能够以从对方的角度及心情来看待或体会某个事件；其次，要掌握行为的适应性，能够根据沟通对象、沟通内容以及地点等环境的变化，结合自己的沟通目的调整自己沟通行为；第三，要能够控制人际互动的过程，控制沟通的主题，以及适当的时机，防止和消除沟通的干扰，另外，沟通这种行为本身，也是一种深刻的自我教育，因为沟通的目的，除了明确具体地把自己意愿表达清楚之外，还需要注意适当说话技巧，利用符合听者的需要、兴趣、知识和态度的语言，才能完成人际互动的沟通，所以，我们在叙述时，不仅需要注意实事求是、简洁明了的叙述事实，避免华而不实或过度的夸张，更要尽量避免使用双方可能产生误解的语言，以促进良好的人际关系，同时，一个善于表达的人，会在沟通过程中，表现出悠扬的个人素质，比如机制灵活、思维敏捷、判断准确、精力集中等等，都会在他的语言中有所反应；相反，如果心胸狭窄、心存偏见，这些不良品质，也会在谈话中暴露无疑，所以，在与对方沟通时，你应该充满爱心，不触及对方的难言之隐，不随意公开别人的缺点与不足，应该给听者表现出强烈的兴趣，而不是用语言伤害对方。

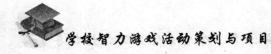

缺乏表达力的表现

在古代，一个人的智慧和口才，有时会改变一个国家的命运，现今，人们更关注因为善于表达，而带来的个人的成就。在工作和生活中，人们会遇到各种各样的事和形形色色的人，大家都需要在不同的场合，根据不同的目的，进行交流和沟通。这时语言的表达能力就显得格外重要。

语言是人与人沟通的直接桥梁，除了天生有语言障碍的人，任何人都会说话，但会说话不等于懂的语言沟通，现代社会的家庭结构不断缩小，娱乐活动也趋于封闭，使得人们在语言表达能力和沟通能力上不断退化。

如何能够使交谈延续下去，如何使人乐于和我们交谈，也因而成为现代生活中有待提高的能力。

有效运用语言的表达技巧，是沟通的最基本条件。想要能够清楚的表达我们的意愿，必须能够让倾听者接受到我们传递的信息，也就是话必须要说清楚，若是话说不清楚，会让倾听者对信息的内容产生猜想，以致造成误解，或是无法达成共识。

此外，由于沟通是信息的双向传递，因此，特别要求说及听的有效运用，除了需要表达者将话说清楚外，也需要倾听者的尽力配合。如果倾听者无法理解表达者语言中的含义，而又不主动发问，那么将达不到对信息的相互理解。

所以，如何让倾听者在沟通中保持良好的心态，对信息的内容作出积极的反馈，就成为表达者的首要任务。对表达者而言，想要进行有效的沟通，首先要注意自己的态度，沟通是借助于语言表达完成的，但是，沟通更是从内心到内心的信息传递，这种信息移植的成功可能性，在很大程度上依赖于感情因素，这个概念很抽象，但是，只要稍微想象一下，就能够明白，你的沟通的对象，会用跟你同样的感情，对你传达的信息做出反应，如果你讲话时显得局促不安，对方也会局促不安，如果你显得不在乎对方，他也会不在乎你。

相反，如果当你的语言中充满真诚，他们也会积极地响应你。因此，在你的语言表达中，你应该注意给予对方积极的态度。否定、攻击的态度，只能遭到对方的拒绝。因此，在你准备展开话题前，要注意一下对方的行为和态度，这通常会给你一些提示，告诉你当时是不是适合进行沟通的好时机。

对方所表达的正面提示包括，他跟你有眼神接触、微笑或自然地面部表情，而负面的提示则包括，对方正在忙于某些事情，正在与别人谈话，正准备离开等等。如果你得到了明显的负面提示，而依然不依不饶，那么你不仅得不到良好的沟通效果，还会影响你在对方心目中的形象，当然，你在准备进行沟通前，也需要同样发出正面的提示，如果主动跟别人先打招呼，同时以面部的微笑表示友好，就容易取得别人好感，从而展开话题。此外，要建立良好的语言沟通环境，除了清楚地说话之外，也应该注意适当的说话。

适当说话的意思，指的是在表达过程中运用的词汇要符合倾听者的需要、兴趣、知识和态度，只有这样，才能顺利的进行沟通，并促进彼此的信赖关系。因此，在与人进行沟通的时候，表达者需要持续的保持善意，并且尝试提供一个与对方建立良好互动关系的机会，这是达成沟通的有效手段，在话题展开以后，需要表达者运用一定的技巧，将沟通进行下去。

实际上，交谈的持续性，有时比谈话的真实性、趣味性更重要，一般来说，表达者可以用漫谈资料法或自我揭示法，以及寻找共同兴趣来维持话题。同时表达者应当注意，在适当的时机，转换话题。

所谓漫谈资料法，是指在沟通时向对方多透漏点漫谈资料，使对方能发觉出更多的话题。否则，谈话变会变得枯燥无味。另一方面，表达者也应该留意对方透漏的漫谈资料，以便使谈话能够延续。

自我揭示法，是指在沟通过程中，有意的向对方透漏自己的资料。这种做法可以帮助对方更了解自己，并为对方提供谈话题材，起到平衡彼此信息内容的作用。需要注意的是，自我提示的内容应该与对话内容有关，同时不宜过多或过长，应该根据对方的反应，及时调整。

自我揭示的内容可以分为三个主题，与话题有关的自身经验、自己对讨论的事项意见、自己对事情的感受。同时，在与人交谈时，可以在漫谈之中找出共同的兴趣及话题，这样可以有助于维持交谈的进行。此外表达者应该对倾听者的反映细心观察，留意对方是否对谈论中的话题已经没有兴趣，倾听者失去兴趣的一般表现为，需要表达者很努力的维持谈话的进行，或者倾听者在表达者陈述很久以后才有回应，这时如果需要，表达者应该利用漫谈资料，来转换话题。在交谈中，表达者应该多注意对方谈话中的重要字眼，并将一些有关资料记录下来，这些记录，在适当的时候，将有助于话题的转换。

同时，表达者在谈话过程中，也需要注意平衡彼此谈话内容的多少，在很多情况下，虽然是表达者在运用表达技巧主动的增加谈话的机会，但是，仍然要避免自己讲的太多，一般情况下，相互之间平均的参与，会使双方的交谈进行的自然和流畅。同时，在进行沟通和谈话时，如果一方能够表示自己已经明白了对方感受，或者了解了对方某些反馈背后的含义，那么无疑能够帮助信息有效传递，并且可以进一步促进彼此的了解。

所以，沟通中的聆听及回应技巧也十分重要，在交谈进入主题部分以后，就不需要努力的寻找以后的话题，而只需要细心的聆听，以便掌握对方说话的内容、事件和意见。如果你无法集中注意力，那么，就可能错过一些重要的资料和字眼，在聆听中还需要留意隐藏的信息，人与人之间的交流，有时不是很直接的，有些资料是隐藏的，你需要在掌握对方信息后细心的分析，寻找出隐藏的信息，你需要留意对方说话时的内容及语气，这会帮助你了解对方的感受和言外之意，比如，对方一见到你就说“我今天忙得要命，跑了大半天”，这代表对方虽然愿意坐下来和你交谈，但是很累，这时你要留心对方的身体语言，并避开不重要的客套和漫谈，而直接进入主题。

为了提高自己的表达能力，你还需要针对下面几种缺乏交流技巧的表现进行自我检验，及时修改，避免在进行沟通时造成无谓的资源浪费。

缺乏交流技巧的表现之一是：经常使用“但是”。

有人说话常常带口头语，这并不影响信息的有效沟通，可是，有不少人在发表意见之前，喜欢先说“但是”，即使他说得与对方说的意思接近或相同，他也愿意用“但是”作为一段话的开头。

在写文章或演讲中，使用转折词是常事，可以另内容曲折生动，而交谈中过多的使用“但是”是缺乏语言交流技巧的表现。如果你去面试，过多的“但是”会让面试人员反感和不耐烦，在社交场合，过多的“但是”会使对方情绪受挫，气氛变得压抑。情不自禁的说“但是”，不仅是习惯问题，而且是心态问题，一些人喜欢用“但是”来表示自己的观点不同于别人，或者用“但是”来突出自己的位置，他们并没有意识到这样做的结果，频繁的否定语气，只能使沟通趋向对立。

缺乏交流技巧的第二个常见现象是：爱插话。

有些场合插话是战术需要，比如谈判或竞选时，插话可以打乱和牵制对手的思路。但是在日常生活中，能够礼貌的打断对方的发言，实在不是一件容易的事，如果你不喜欢谈话中有过多的火药味，而想心平气和的与对方沟通，那就应该尽力避免冒失的插话。

缺乏交流技巧的第三个特征是：爱说“不知道”。

常常说“不”、“没有”、“不知道”，不仅会使语言缺少人情味，而且会使人际关系变得冷漠，甚至会导致人的思维懒惰，对有权势的人说“不”需要胆量，但普通人之间说不则容易得多。总是用“不知道”来回答对方的问题，不仅是沟通无法持续，而且，这种不求甚解、回避苟且的习惯，将滋长思维的惰性。其实你真的无法回答对方的问题，你可以换一个方式表达，比如“让我想一想”、或者“我有时间帮你查查资料”等等；

另一个缺乏交流技巧的表现是：无故贬低对方。

在生活中我们常常能见到一种人，他们总是在寻找机会贬低或挑剔别人。朋友买了新房，他会说“房子很大，不过交通不方便”，同事买了新车，他会说“车子不错，但是别的牌子的性价比更高”，也许有人会说这样讲直来直去很实在，但你可以问一问自己，有多少人喜欢这种实在，这种实在没有任何实际意义，只会造成信息接受者的不快，这种喜欢贬低对方的人，与其说他实在，不如说他表达技巧拙略，不替对方着想的心直口快，其实是一种尖酸刻薄。

还有一种缺乏交流技巧的表现是：沉默不语或心不在焉。

有些人在听别人讲话时，面无表情沉默不语，而有些人则是目光恍惚、东张西望，这都是非常失礼的行为，也是缺乏交流技巧的表现，有人会反驳说，我在听，我也能对答如流，但是交流和沟通都是双向的，你必须做出表示，让对方知道你在接收他表达的信息，以便使对话能够进行下去，当对方讲话的时候，适时的做出反应，比如“是吗”、“对呀”、“真的吗”，这并不表示你同意他的看法，但是，会让对方认为你是在仔细的听着，而有些时候，眼神交流的效果甚至会高于语言的表达，在交谈时看着对方的面部，不仅是对对方的尊重，更是一种高超的表达技巧，另外高深辩论，频繁的使用偏词、怪词，或者频繁使用定论性的绝对词汇，以及模棱两可的词汇，都是交流技巧差的表现。

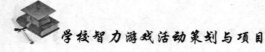

语言表达的基本技巧，是现在人类交往频繁的需要，也是人类智慧的表现，善于使用语言交流技巧的人，不仅会使自己的整体素质形象提高，而且他的思想和人品，更容易被大众接受。

表达力的语商提升

表达力的高低，一般是语商高低的表现。语商是指一个人学习、认识和掌握运用语言能力的商数。具体地说，它是指一个人语言的思辨能力、说话的表达能力和在语言交流中的应变能力。语商高的人知识广泛、头脑灵活、判断力强、信心十足，说话富有磁性而有吸引力，同时，他们还能在各种谈话场合中，得心应手，滔滔不绝，赢得别人的尊敬和赞扬。如果读者朋友在上面的测试中，表现不是很好，但很想在各种谈话场合中，利用自己的言谈来赢得别人的尊敬和赞扬，就要记住和做到以下九点。

说话时不应用俗语

常用俗语会妨碍你在语言方面的自如运用。

要做到尽量多用数字

说话时多用数字，语言会更加生动，说服力强，自己也会更加自信。

多看电视

电视是最感性的语言来源，但要注意：不要只看电视剧，而应该多看那些咨询性及访谈性节目，这样能让你更好地学习别人的交谈技巧。

训练目标感

说话要有的放矢，这就好像走路一样，要有方向性的选择，这种“选择”可以使你在说话中避免漫无边际的东拉西扯。

学一些新语言

在日常的工作、学习中，经常学习和吸收一些新的语言，能够更好地丰富你的语言词汇。

培养探究精神

在学习和工作过程中，建议你努力做到：要么不做，要做就做好，并不断探索生活中的各种规律。做什么事都要既知其然，还要知其所以然。

训练判断力

这种能力对于语言来说是至关重要的。在与别人交谈时，如果你判断失误，就可能做出意思相反的回答，这就很可能导致不必要的误会越来越深。

多说有力量的话

有力量的话就是指说话时能够直截了当，行就是行，不行就是不行。比如：你最好不要说“我看……”“我想……”，而应该尽量说“我认为……”这样你的说话才够力量。

多与人交谈

你不妨尝试扩大你的社交圈子，不断增加你的说话机会，这样更有利于提高你对语言的驾驭能力。

表达力的能力提高

提高表达能力，最适合大众的方法，那就是找准一切机会给别人讲故事，讲幽默，讲笑话，而讲到大家非常动容，而你自己依然可以非常冷静的给别人讲的时候，你的表达力就差不多了。但是在职场应用过程中提升自己的表达力，才具有真正的实用价值。具体来讲，若想提高自己的表达力必须注意以下几点：

表达力是练出来的，不要羞怯

要知道每个人的资质都是差不多的，自己有怯场的心理，别人也会有同样的感受，要抓紧一切可以锻炼的机会来展示自己，给自己信心，相信自己既能够做得到也能够说得出，每一次的锻炼都会给自己开始下一次以莫大的勇气，再加上自己不断的总结和积累。长此以往，必然能够在以后的一切场合中脱颖而出，说出自己，证明自己。

说话要言之有物

说话要有内容，才能够在社交场合及一些工作场合中吸引别人的倾听，你总要使别人在听你说话的过程中有一些收益或是产生共鸣，那么这样的说话才是成功的，而别人也才会乐意听你说话，与你交流。同理而言，一位好的说话者一定是一位特别擅长沟通的人，在自己说话的时候也要学会倾听他人的说话，俗话说：出门看天色，进门看脸色。因此在说话时更要学会看他人听你说话时的表情，以便适时的改变自己说话的内容、语气等等，说话时千万不要自说自话，这是最不成功的说话。

说话要注意节奏感

这一点是相当重要的。有些人在说话的时候语速相当快，就像在爆豆子一样，往往她自己说完以后，别人都没有反应过来她说的是什么。说话说得慢一些，声音响亮一些，你会发现，人们会更加注意地倾听你的说话，而且他们会感觉你所说的每一句话都是从内心深处说出来的，是经过你慎重考虑后才说出来的，人们会认为你在对自己说的话负责任。其实言语并不见得比写文章容易，文章写得不好来还可以修改，而一句话说出来了，要想修改是比较困难的。我们也常感觉到，即使同一个意思，甚至同一句话，会说话的人，能叫你眉飞色舞，不会说话的人，则叫你头昏脑胀。

要跟会说话的人多学习

多去倾听别人的说话，西方有句谚语说：上帝之所以给人一个嘴巴两只耳朵，就是要人多听少说。多听，才是最有收获的，不断的丰富自己的内在知识，不断的去学习别人的长处，用一颗自信与谦和的心来面对自己的每一次社交与工作中的场合，即使自己做的不够好，只要努力，只要有真诚，相信你假以时日，一定能够成为一位说话和沟通的高手，为自己的事业和生活带来很多快乐！

表达力的训练方法

表达力分为语言表达能力和文字表达能力。

语言表达力的训练

一要努力学习和掌握相关的知识。仅口才论口才是远远不够的。君不见那些伶牙俐齿的“巧舌媳妇”，尽管能说会道，但却登不了“大雅之堂”。出色的口头表达能力，其实是由多种内在素质综合决定的，它需要冷静的头脑、敏捷的思维、超人的智慧、渊博的知识及一定的文化修养。

为此，可努力学习有关理论及知识、经验。如学好演讲学、逻辑学、论辩学、哲学、社会学、心理学等。

二要努力学习和掌握相应的技能、技巧。如在讲课、讲演时，就要做到：准备充分，写出讲稿，又不照本宣科；以情感人，充满信心和激情；以理服人，条理清楚，观点鲜明，内容充实，论据充分；注意概括，力求用言简意赅的语言传达最大的信息量；协调自然，恰到好处地以手势、动作、目光、表情帮助说话；表达准确，吐字清楚，音量适中，声调有高有低，节奏分明，有轻重缓急，抑扬顿挫；幽默生动。恰当地运用设问、比喻、排比等修辞方法及谚语、歇后语、典故等，使语言幽默、生动、有趣；尊重他人，了解听者的需要，尊重听者的人格，设身处地为听者着想，以礼待人，尽量少用教训人的口吻，注意听众反应，及时调整讲话。

三要积极参加各种能增强口头表达能力的活动。如演讲会、辩论会、班会、讨论会、文艺晚会、街头宣传、信息咨询等活动。要多讲多练。凡课堂上老师讲的或自己在书本学到的知识都尽可能地用自己的话讲出来，也有助于提高自己的口头表达能力。锻炼口头表达能力要有刻苦精神，要持之以恒。只要我们勤于学习，大胆实践，善于总结及时改进，我们的口头表达能力一定能不断提高。

文字表达力的训练

文字表达能力，与口头表达能力一样，是人们交流思想、表达思想的工具，是学好专业、成就事业的利器。

“工欲善其事，必先利其器”。这里的器是语言。作文其实就是利用语言来表达自己的思想。能否掌握和运用经典的语言准确地表达自己的思想是作文成败的一个关键。而要做到这一点，就必须学会积累语言。我们应从杂志和各类书籍中收集一些精美的语言摘抄下来，然后每天熟练的背诵一遍，以培养自己的语言感觉能力。古人云“拳不多手，曲不离口”，只有每天坚持，才能逐步提高语言表达能力。之所以要强调背诵，是因为这是形成语感的唯一途径。“天上从来不会掉下馅儿饼”、“成功从来只属有心人”。

积累精美语言这一项工作虽然苦，但苦得值得，一方面，它为我们语言表达能力的提高打下坚定的基础；另一个方面，它也可以增广我们的见闻，因为我们要收集精美的语言，就必须阅读大量的书籍，这就间接扩大了我们的阅读量。“读书破万卷，下笔如有神”。我们的阅读量上去了，还愁作文能力不能提高吗？

积累精美的语言可以培养我们的语言感觉能力，但是只有积累，没有仿写，我们就不能将这些积累的语言灵巧的运用到平日的作文中去。所谓仿写就是在原文的语言结构和字数保持基本不变的情况下，改动或增添一些词语和句子，使之表达不同的意思。例如沙宝亮的《暗香》：

当花瓣离开花朵，暗香残留。香消在风起雨后，无人来嗅。如果爱告诉我走下去，我会拼到爱尽头。心若在灿烂中死去，爱会在灰烬里重生，难忘缠绵细语时，用你笑容为我祭奠。让心在灿烂中死去，让爱在灰烬里重生。烈火烧过青草痕，看看又是一年春风。当花瓣离开花朵，暗香残留。

稍作改动就可以变为：

当灯光照亮书本，思绪翻动。笔就在风起雨后，书写人生。如果爱告诉我走下去，我会拼到爱尽头。心若在灿烂中死去，爱让它在灰烬里重生。难忘父母眼神里，用你笑容为我壮行。让心在灿烂中前行，让爱在灰烬里重生。烈火烧过青草痕，看看又是一年春风。当灯光照亮书本，思绪翻动。

仿写应与积累保持同步，每天坚持一次积累、一次仿写，时间长了，自然就知道运用语言的技巧了。仿写还仅仅停留于模仿的基础之上，如果要真正形成有自己语言风格的文章，就必须学会创造。

在语言积累和仿写达到一个月之后，我们就应开始着手于自己的创造了，所谓创造，就是用自己的经典的语言来进行表述。要学会创造，除了要具备一定的语感外，还必须掌握一定语言表达技巧，一般来讲经典的语言应具备三个要素：一是语言的节奏，二是修辞手法的运用，三是典雅词语的运用。

语言如同音乐、舞蹈，是有节奏的。所谓节奏就是由一对相反的因素按照一定的顺序排列形成的。如音乐的节奏是由声音的高低、续停等形成的；舞蹈的节奏是由动作的刚柔、快慢等形成的；而语言的节奏则是由语言的舒缓与激越形成。整齐的句子激越、散句子舒缓；短句子激越、长句子舒缓。因而要形成语言的节奏，就是必须长短结合，整散结合。

其次，作文的表达追求形象生动，作文的语言力求典雅。因此，在作文时，我们还应恰当地用一些典雅的词语和运用比喻，拟人等修饰手法。

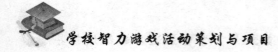

有创意地进行语言表达是语言表达的最高境界，但也是最难达到的一个境界。原因有二：一是懒。许多学生认为，我已经背了很多精美的语言了，为什么不拿过来使用，既方便又省事。二是刚开始写的时候，总觉得很多地方写不好，于是就放弃创造，选择仿写。其实，“阳光总在风雨后”，你在这个时候坚持下来了，成功就在眼前向你微笑；你放弃了，成功就会绝尘而去。黎明前的黑暗是最黑暗的时候，但也是离阳光最近的时候。在这个时期，最好是一周写一篇作文，在作文中尽量使用自己的语言来表达，当然是有文采的语言了。同时不能放弃积累和仿写，因为只有“厚积才能薄发”，积累得越多，对自己的语言表达以至于思想积淀就越有益处。

“千里之行，始于足下”，但愿大家都能行动起来，让自己的语言生花，令自己的语言添彩，在文学的天空下插上绚丽的语言翅膀自由地翱翔。